Introduction

Probablement peu de groupes sociaux ont subi autant de transformations dans leur composition socio-démographique, leurs modes de vie et leurs attentes que les étudiants depuis une trentaine d'années. Certes, certaines de leurs caractéristiques demeurent — ils restent un groupe relativement privilégié par rapport aux autres jeunes, ils constituent toujours un ferment potentiel, quoique épisodique, d'agitation sociale —, mais aujourd'hui, parmi les jeunes qui poursuivent des études supérieures, la diversité l'emporte largement sur l'homogénéité. Cette diversité est d'abord le résultat, presque mécanique, de la généralisation progressive de la poursuite d'études au-delà du baccalauréat. Aussi bien du côté de l'offre que de la demande de formation, le passage à une Université de masse a imposé une diversification des cursus. Après en avoir été longtemps exclus, les « nouveaux » étudiants — de niveau scolaire et d'horizons sociaux très divers — qui accèdent dorénavant à l'enseignement supérieur ont des attentes très différentes de ceux qui formaient le public de l'Université élitiste des années cinquante. Par ailleurs, en devenant un enseignement de masse, les établissements d'enseignement supérieur ne pouvaient plus se contenter de former l'élite sociale de la nation. Ils devaient aussi répondre à de nouveaux impératifs économiques, au besoin croissant du pays en cadres intermédiaires et en techniciens. Ces deux impératifs sont mieux entrés en conjonction que ne le croit l'opinion. Jusqu'à présent, la formidable croissance du nombre d'étudiants a pu être absorbée sans trop de difficultés par l'économie dont la structure des emplois s'est déformée au profit des catégories de cadres et de professions intermédiaires.

Mais l'expérience étudiante ne se limite pas à la construction des atouts de l'insertion et de la réussite professionnelles. Elle n'est pas qu'une stratégie scolaire, elle est aussi un mode de vie. En effet,

3

notamment en province, le passage du lycée à l'Université est souvent l'occasion d'une transformation radicale, par rapport à l'adolescence, des façons de vivre : on vit à distance de ses parents tout en profitant de leur soutien, on bénéficie d'une disponibilité de temps exceptionnelle, on voit peu à peu se diversifier ses sources de revenus, on accède à de nouvelles sources de consommation et de loisirs. Tous ces éléments concourent à faire de cette période une phase de la vie tout à fait particulière que ce livre s'attachera à décrire dans ses différents aspects.

Les étudiants se distinguent enfin par un dernier caractère qui ne les décrit plus individuellement — que ce soit par le rapport aux études ou par les façons de vivre —, mais collectivement. En tant que groupe, ils ont en effet montré en maintes occasions une forte capacité de mobilisation. Celle-ci semble toutefois avoir assez profondément changé de nature depuis les années soixante. Sur le plan idéologique, ils donnent le sentiment d'« être rentrés dans le rang », tout en conservant intacte leur faculté d'intervention mise dorénavant au service d'objectifs plus catégoriels que politiques ou moraux. La profonde transformation de la composition de la population étudiante a trouvé, là aussi, son point d'application.

Les étudiants

Éditions La Découverte
9 *bis*, rue Abel-Hovelacque
75013 Paris
1996

Catalogage Électre-Bibliographie
GALLAND Olivier, OBERTI Marco
Les étudiants. – Paris : La Découverte, 1996. – (Repères ; 195)
ISBN 2-7071-2569-5

Rameau :	étudiants : France : conditions sociales
Dewey :	305.1 : Structure de la société. Jeunesse.
	Problèmes des jeunes
Public concerné :	Tout public

Si vous désirez être tenu régulièrement informé de nos parutions, il vous suffit d'envoyer vos nom et adresse aux Éditions La Découverte, 9 bis, rue Abel-Hovelacque, 75013 Paris. Vous recevrez gratuitement notre bulletin trimestriel **A la Découverte**.

I / Des « héritiers » à l'Université de masse

Le type social de l'étudiant ne s'est imposé comme une réalité massive que récemment. Avant-guerre, la proportion de jeunes poursuivant des études supérieures était encore très faible. La croissance de la population s'est évidemment accompagnée d'une profonde transformation de sa composition, de ses attentes et de ses dispositions. Mais même si l'histoire des étudiants, comme groupe social significatif, est récente, il convient d'en rappeler les prémices car l'organisation et les ambitions initiales ont longtemps fait sentir leurs effets et continuent probablement encore à le faire aujourd'hui.

Les étudiants sous l'Ancien Régime

Pas de véritable enseignement supérieur

Les universités sont nées de la création spontanée de simples associations sans statuts de maîtres et d'élèves qui venaient y suivre des enseignements généraux (*studium generale*). Par la suite, l'implication de la puissance publique, pour appuyer ces initiatives et leur attribuer officiellement des charges d'enseignement, contribuera à créer les premières universités autour de quelques grands érudits.

L'absence de liens directs entre classe scolaire et classe d'âge, ainsi que le manque de définition institutionnelle de l'Université rendent particulièrement délicate la présentation de la vie étudiante sous l'Ancien Régime. L'ancêtre des institutions scolaires est le collège du XIIIᵉ siècle qui était plutôt un asile pour étudiants pauvres. Ce n'est qu'à partir du XVᵉ siècle, avec le développement de l'idée de formation et d'instruction, que le collège devient un lieu d'enseignement qui s'ouvre à un nombre croissant de laïcs, nobles et bourgeois (les élèves payants), mais aussi à des familles populaires (les boursiers). Les maîtres et les docteurs y obtenaient un gîte pour toute leur vie (comme les *fellows* d'Oxford et de Cambridge aujourd'hui). Ces collèges se diffuseront dans la plupart des villes universitaires et deviendront de grands établissements d'enseignement (comme le collège Louis-le-Grand à Paris). Jusqu'au XVIIIᵉ siècle, les âges étaient mélangés, « des enfants de dix à quatorze ans, des adolescents de quinze à dix-huit ans, des jeunes hommes de dix-neuf à vingt-cinq ans fréquentaient les mêmes classes » [Ariès, 1973]*. L'adolescence et la jeunesse ne se sépareront scolairement qu'à la fin du XIXᵉ siècle avec la diffusion de l'enseignement supérieur dans la bourgeoisie. Jusqu'à cette date, on employait indifféremment écolier ou étudiant pour qualifier les jeunes hommes (les femmes étaient exclues de la scolarité) qui fréquentaient l'école et le collège.

Les travaux réunis et présentés par Dominique Julia et Jacques Revel [1989] portant sur les populations étudiantes en France du XVIᵉ au XVIIIᵉ siècle permettent de préciser les contours d'un monde loin d'être homogène. Les enseignements dispensés dans les universités se limitaient au droit, à la médecine et à la théologie, et jusqu'à la fin du XVIIᵉ siècle, mais de façon informelle aussi au XVIIIᵉ siècle, chaque université était relativement libre d'organiser les études et de délivrer les grades et les titres. A côté d'universités de petite taille qui recrutaient surtout au niveau régional, les universités les plus prestigieuses (Paris, Montpellier, Avignon) attiraient un nombre plus important d'étudiants qui arrivaient aussi de l'étranger. Toulouse, par exemple, qui était pourtant une université réputée pour l'étude du droit, ne recrutait que 2 % de ces étudiants en dehors de la France du Sud-Ouest, 70 % provenaient de Toulouse et des territoires limitrophes. Les universités de complaisance avaient un recrutement plus large, comme Orange ou Reims en droit.

Chaque université était renommée pour une discipline, plus rarement deux : Bologne pour le droit, Paris pour la médecine et la théologie, Montpellier pour la médecine, etc. Le droit dominait largement par ses effectifs et son pouvoir.

Des étudiants de passage très mobiles

Dans la société d'Ancien Régime, la pratique est beaucoup plus valorisée que le savoir. Très souvent, le grade ne faisait qu'entériner une compétence plus qu'il ne la sanctionnait, et la fonction appelait le titre plutôt que l'inverse, surtout dans les études juridiques où les enfants héritaient de l'affaire familiale. « Passer par une faculté, y

---

* Les références entre crochets renvoient à la bibliographie en fin de volume.

prendre ses grades revient en fait à entrer dans un corps professionnel dont les règles et privilèges, contraintes et passe-droits, cimentent la cohésion ; c'est en même temps se conformer à un modèle social qui a, à coup sûr, plus d'importance qu'une quelconque compétence savante » [Julia et Revel, 1989].

Certains lieux d'études étaient cependant beaucoup plus prestigieux que d'autres et poussaient les étudiants sur les routes. Cela donnait un caractère fortement cosmopolite aux universités, qui disparaîtra lorsque les différents pays recentreront sur la nation les cursus et les diplômes. Cela tenait aussi à la présence d'une langue savante commune, le latin, qui perdra ensuite du terrain au profit des différentes langues nationales.

Dans la mesure où la reconnaissance sociale reposait plus sur le lieu d'étude que sur la formation qui y était dispensée, les étudiants n'hésitaient pas à fréquenter plusieurs universités et entamaient une pérégrination. Le voyage académique constituait une véritable épreuve pour l'étudiant, puisqu'il lui fallait faire face à des conditions d'accueil et d'études parfois difficiles, loin de sa famille et de ses amis. Il s'agissait d'une sorte d'apprentissage social au cours duquel beaucoup constitueront l'armature de leur vie sociale. Cette pérégrination, très développée au XVIᵉ siècle, est à la fois un moment privilégié de la formation de l'étudiant, surtout lorsqu'il se rend dans les universités étrangères les plus prestigieuses, mais était aussi un moyen d'obtenir un titre plus facilement dans les universités les moins exigeantes. On distinguait ainsi les universités où l'on étudie des universités de moindre importance où l'on prend ses grades. Ces universités de complaisance étaient connues : ce fut le rôle traditionnel de Reims pour les juristes et les médecins parisiens, celui d'Avignon, d'Orange ou de Valence pour les étudiants en médecine de Montpellier. Ces derniers fréquentaient en moyenne trois universités dont celle de Bâle à la fin du XVIᵉ siècle. En théologie, les étudiants réformés entamaient un voyage académique pour des raisons confessionnelles afin de trouver des universités répondant mieux à leurs attentes. Pour une élite mondaine en mesure d'assurer les frais d'un voyage prolongé et plus lointain, la pérégrination pouvait prendre la forme du *Grand Tour*. Cette formule permettait d'associer la formation mondaine à des études proprement universitaires.

Les étudiants en droit étaient les plus nombreux. Jusqu'à la fin du XVIIᵉ siècle, avant les réformes sur l'organisation des études, chaque université était assez libre de fixer librement le temps des études. Même après ces réglementations (l'édit de 1679), les pratiques resteront très diversifiées. La principale réglementation qui concernait à la fois l'âge minimal d'entrée (18 ans) à l'Université et la durée minimale d'études entre les différents grades (baccalauréat, licence et doctorat) donnera lieu à des dispenses qui permettront à des jeunes gens âgés de 25 ans de réduire considérablement leur durée d'études et d'obtenir très rapidement leur grade. En effet, des dispositions sont prises rapidement pour permettre à des étudiants âgés d'au moins 27 ans, puis d'au moins 25 ans de se présenter pour subir les examens et soutenir les thèses et obtenir les degrés de bachelier et de licencié, dans l'intervalle de trois mois en trois mois. La catégorie des « bénéficiers d'âge » représentera alors jusqu'à la moitié des diplômés dans certaines universités vers 1750-1770, et près de 45 % des inscrits dans la dernière décennie de l'Ancien Régime. On peut faire ici un parallèle avec l'idée de « validation des acquis professionnels » aujourd'hui. Ce système du bénéfice de l'âge était une façon aussi de reconnaître une expérience professionnelle et de ne pas délivrer le diplôme sur une base exclusivement scolaire.

Cette règle du bénéfice d'âge se traduit dans la structure par âges des étudiants et conduit à distinguer deux catégories qui correspondent à deux types de fréquentation universitaire très nettement différenciés. D'un côté, une petite minorité d'étudiants jeunes sortant du collège entreprennent un parcours « normal » ; de l'autre, un groupe nettement majoritaire, qui tire profit du bénéfice d'âge, suit une formation expéditive avec un cursus tardif. Cette possibilité donnée aux étudiants de plus de 24 ans d'obtenir à moindre coût un grade universitaire conduira au vieillissement relatif de la population étudiante au cours du XVIIIᵉ siècle. La majorité des étudiants prennent leur première inscription en droit à plus de 25 ans.

La durée des études apparaît particulièrement courte avant les réformes de 1679. La durée moyenne est de treize mois et demi, avec de grandes disparités. Près d'un tiers des étudiants attestent une assiduité inférieure à six mois et n'ont donc fait qu'un bref passage symbolique par l'Université.

Les effets de la réforme visant à lutter contre ces abus se font sentir dès le début du XVIIIᵉ siècle et se traduiront par une concentration autour des durées requises par la loi (huit trimestres pour le baccalauréat et douze pour la licence) pour les étudiants exclus du bénéfice d'âge.

Une très grande majorité d'étudiants, ayant achevé ou non leur cycle d'études, quittaient l'Université dans un délai de trois ans. Seuls 10 % d'entre eux s'y attardaient une quatrième ou une cinquième année. Il s'agit certainement d'étudiants engagés dans une activité professionnelle ou contraints par les devoirs d'une charge ou d'un bénéfice, qui fréquentent donc de manière discontinue l'Université en espérant y décrocher le grade qui leur procurera une chance de promotion sociale

Un tiers environ des étudiants inscrits disparaîtront de la faculté avant d'avoir obtenu le baccalauréat. Seule une bonne moitié des étudiants encore présents en troisième année ont suivi un cursus normal, obtenant le baccalauréat et ensuite, pour une large part, la licence.

Concernant l'origine sociale des étudiants, des différences notables apparaissent entre le XVIᵉ et le XVIIIᵉ siècle. Le monde étudiant du XVIᵉ siècle, même s'il semble caractérisé par une surre-présentation des nobles (écuyers) et des possesseurs de la seigneurie par rapport à leur proportion dans la population globale, apparaît majoritairement sorti des rangs de la boutique et de l'échoppe. Fils de marchands, d'artisans et de laboureurs constituent les deux tiers des bénéficiaires : l'accès à l'université de Paris semble largement ouvert aux différentes couches sociales de la société. « Les bénéfices tirés d'un capital culturel à l'Université ne semblent pas réservés à une catégorie professionnelle spécifique qui en détiendrait en quelque sorte le monopole » [Julia et Revel, 1989]. Les recherches menées sur le XVIIᵉ siècle montrent en revanche une auto-reproduction professionnelle plus marquée. L'analyse des origines sociales des docteurs en droit de l'université de Montpellier l'indique clairement : 64 % sont issus du monde des offices et des professions libérales, 16 % sont fils de bourgeois, 8 % seulement de marchands. Les fils d'artisan ou de ménager ne sont pas représentés. Le XVIIIᵉ siècle voit se renforcer la reproduction sociale, surtout pour le sommet de la hiérarchie des offices : 71 % des fils de nobles de robe deviennent membres des cours souveraines.

La naissance de l'enseignement supérieur

Une longue stagnation au XIXᵉ siècle

Ce n'est que difficilement et progressivement que l'enseignement supérieur se réorganisera après la Révolution. Cette réorganisation repose sur la volonté de définir l'enseignement supérieur par des examens sanctionnant véritablement une formation liée à une durée d'études, parallèlement à la volonté de fixer des grades pour exercer certaines professions. Cette nouvelle exigence va conduire à une uniformisation de l'enseignement supérieur dans les universités au moment où le système des grandes écoles, si spécifique à la France, se met en place. C'est durant cette période que se crée la coupure entre un enseignement d'élite dans des écoles sélectives et une formation ouverte moins ambitieuse, surtout en lettres, dans les universités.

Le décret de 1808 crée les facultés des lettres et des sciences. Celle-ci ont été créées non pas pour délivrer des diplômes professionnels comme en droit ou en médecine, mais pour la collation des grades pour les jurys de baccalauréat [Prost, 1968]. Ces nouvelles facultés doivent fournir le nombre nécessaire de professeurs pour constituer un jury. Malgré son importance, ce décret ne peut être considéré vraiment comme l'acte de naissance des universités puisqu'il s'agit surtout de reconnaître cinq ordres de facultés indépendantes les unes des autres [Lapeyronnie et Marie, 1992]. L'Université reste une simple administration, et de plus, dès ce moment, contrairement aux Universités étrangères (allemande et anglaise entre autres), la recherche n'est pas complètement intégrée à l'Université. L'État se méfie déjà de l'Université et la cantonne à la préparation aux concours et à la formation des maîtres du secondaire.

La prise de conscience de la nécessité de développer à la fois un « haut enseignement », la recherche et la science ne se fait jour vraiment que sous le second Empire.

Au XVIIIe et tout au long du XIXe siècle, les grandes innovations concernant l'enseignement supérieur et la recherche vont avoir lieu en dehors de l'Université : création des principales grandes écoles et de l'École pratique des hautes études pour la recherche en 1868. Cet aspect est fondamental car il est à l'origine des caractéristiques actuelles de notre système d'enseignement supérieur : des grandes écoles qui recrutent de façon très sélective et pour former les élites du pays, la recherche qui s'organise pour une large part en dehors de l'Université, et, enfin, un enseignement de masse non sélectif qui forme essentiellement les cadres moyens et les enseignants. Autrement dit, l'Université n'a jamais été pensée comme une institution vitale, centrale pour la formation intellectuelle et technique puisque les grandes écoles ont, dès le début, rempli ce rôle. Cela explique aussi la préoccupation tardive des gouvernements pour engager une réforme de l'Université : risquée sur le plan social et politique, elle ne s'imposait pas de façon cruciale pour la modernisation du pays puisque les élites et les hauts techniciens étaient formés ailleurs.

Dans son étude sur les étudiants de Toulouse au XIXe siècle, Burney [1988] décrit une vie étudiante marquée par l'isolement. L'étudiant entretenait peu de relations avec ses camarades et ses professeurs. La présence au cours était particulièrement irrégulière, la moitié seulement des étudiants inscrits y assistait. Certains étudiants pouvaient manquer jusqu'à un trimestre et ne pas avoir à le rattraper pour obtenir la licence. Les taux d'échecs étaient ainsi très bas. Une partie de leurs activités consistaient à fréquenter les bars qui étaient très animés (beuveries, jeux de cartes) et suscitaient de nombreuses récriminations de la part des autorités locales et universitaires.

Comme la majorité des étudiants des villes de province des années quatre-vingt-dix, ces étudiants faisaient surtout leur première expérience de liberté. Même s'ils dépendaient pendant toute la durée de leurs études de leurs familles, ils n'étaient plus soumis à leur contrôle immédiat et à la discipline beaucoup plus stricte du lycée.

Cet auteur remarque aussi la nature individuelle des études qui pousse peu les étudiants à des formes d'association collective qui étaient par ailleurs réprimées par le gouvernement. L'objectif était de décrocher la licence qui avait un but strictement professionnel. Aucune vie étudiante ne semblait se structurer à partir de l'institution universitaire.

La naissance de l'étudiant à la fin du XIXᵉ siècle

L'étudiant naît véritablement en 1877 avec la création simultanée des bourses de licence et d'agrégation et d'un enseignement structuré. Des maîtres de conférences sont nommés pour enseigner à des étudiants — boursiers, maîtres auxiliaires et quelques rares étudiants libres — qui forment au total des petits groupes de 60 à 80 individus à Paris. Les professeurs entretiennent des rapports étroits avec leurs étudiants qui ont le sentiment de fonder un enseignement et d'inaugurer une tradition [Prost, 1968]. Pour la première fois en 1882, l'affiche des cours de la Sorbonne emploie le terme d'« étudiant ». L'Association générale des étudiants de Paris est créée en 1883.

Le nombre d'étudiants des facultés et universités d'État ne cesse de croître. Il double une première fois de 1875 (9 963) à 1891 (19 821), puis une seconde fois de 1891 à 1908 (39 809). Ramené à la classe d'âge des 19-24 ans, le nombre d'étudiants reste modeste jusqu'en 1936 :

TABLEAU I. — NOMBRE D'ÉTUDIANTS
POUR 100 INDIVIDUS DE 19-24 ANS (%)

1870	1890	1910	1936	1952	1974
0,2	0,3	0,70	2,3	2,5	13,0

Source : GERBOD [1981].

Les effectifs en lettres et sciences n'ont pas encore rattrapé les deux disciplines « historiques » du droit et de la médecine, mais connaissent une augmentation fulgurante. Alors qu'en 1870 droit et médecine rassemblent encore la quasi-totalité des étudiants (environ 85 %), à partir de 1930, les effectifs se distribuent de façon presque équivalente entre les quatre facultés.

11

A défaut d'intégrer les classes préparatoires aux grandes écoles, l'accès à l'Université commence à devenir le parcours normal d'un bachelier. En 1870, 30 % d'entre eux entrent en faculté ; en 1890, ils sont déjà 47 % et, en 1910, près de 90 %.

Jusqu'en 1960, les étudiants resteront surtout concentrés à Paris, puisque, entre 1870 et 1960, le seul quartier Latin concentrait entre 40 % et 42 % de population étudiante. Même des centres universitaires importants comme Lyon, Bordeaux, Toulouse ou Montpellier ne verront augmenter leur population étudiante que très tardivement. A Rennes, par exemple, les étudiants ne représentaient que 2,5 % de la population de la ville en 1929-1930, alors qu'ils en constituent aujourd'hui un quart. Jusqu'aux années soixante, il est donc permis de parler d'un véritable quartier étudiant à Paris dans le cinquième arrondissement. Toute une sociabilité se structure dans le quartier du boulevard Saint-Michel, largement fourni en petits bars et restaurants, ainsi qu'en bibliothèques et librairies, au point de devenir la référence principale de la « vraie vie étudiante ». Il est amusant de constater qu'au moment où ce quartier parisien devient de moins en moins étudiant, de nombreux quartiers centraux des villes universitaires de province se constituent justement sur la base d'une forte, pour ne pas dire exclusive, fréquentation des étudiants.

La part des étrangers dans la population étudiante française reste très modeste tout comme celle des femmes. Une femme obtient pour la première fois la licence en 1868 en sciences et, en 1871, en lettres. Au début du siècle, elles ne représentent que 3 % des étudiants, pourcentage qui ne cessera de croître pour atteindre 30 % en 1939.

Concernant l'origine sociale des étudiants, on dispose de données assez sommaires sur cette période. Il semble cependant que les facultés de lettres et de sciences aient été très tôt relativement plus ouvertes que les autres facultés. La bourgeoisie a longtemps dédaigné les carrières de l'enseignement, et ces facultés préparaient surtout à ces carrières et accueillaient des boursiers d'origine modeste. A la faculté de lettres de Paris, en 1885, on comptait, sur 924 inscrits, 74 boursiers de licence ou d'agrégation, 95 répétiteurs, auxquels s'ajoutent 23 normaliens, ce qui fait un total de 192 étudiants de milieux relativement modestes [Gerbod, 1981]. La première information encore approximative dont on dispose sur les origines sociales des étudiants d'Université date de 1939 et indique la répartition suivante : environ la moitié de catégories aisées, un bon quart de catégories moyennes, et entre 15 % et 20 % de catégories modestes [Gerbod, 1981].

A partir de 1880, se met en place une nouvelle organisation des études qui constitue l'autre aspect de la constitution d'un enseignement supérieur. Ainsi, en lettres, les licences sont différenciées en lettres, philosophie et histoire, chacune comportant quatre certificats. Dans toutes les disciplines, les examens se précisent dans leur contenu, et les licences et les agrégations se spécialisent. Au même moment, se construisent les grandes universités considérées aujourd'hui comme les « vieilles universités » : la Sorbonne, entreprise en 1885, est terminée en 1889. Les universités de Lyon, Grenoble, Lille et Bordeaux sont également construites à cette époque.

Cette période est aussi celle des réformes pour rassembler les facultés en universités, qui devaient devenir de grands centres sur le modèle allemand. En fait, les facultés resteront les lieux centraux de l'enseignement supérieur. Elles seront les gagnantes de la réforme puisque des universités seront constituées partout où se trouvaient déjà des facultés, même de petite taille. Aujourd'hui encore, elles sont au cœur du système universitaire français.

Au total, on voit clairement que la figure sociale de l'étudiant ne s'impose comme une figure nouvelle et centrale de la société que très tardivement. Les universités de l'Ancien Régime restent très marginales et peu fréquentées. Les « vrais » étudiants, ceux qui fréquentent assidûment les cours et organisent leur vie autour des études, ne constituent qu'une minorité. La grande majorité ne fait que passer pour obtenir un grade à moindre coût.

Les efforts et les réformes entrepris au cours du XIXᵉ siècle ne donneront des résultats que bien plus tard. C'est seulement au début du XXᵉ siècle que l'Université en tant que telle, avec le modèle de l'étudiant intégré dans une formation de plusieurs années sanctionnée par un diplôme, apparaît. La diversification du monde étudiant est cependant déjà engagée, mais son impact sur la société ne deviendra vraiment important qu'avec l'apparition de l'Université de masse à partir des années soixante.

La création, dès le XVIIIᵉ siècle, de toute une série d'établissements d'enseignement supérieur prestigieux et sélectifs, les grandes écoles si spécifiques à la France, limitera fortement la capacité de l'Université à peser fortement sur la société, et créera une distinction nette entre ces étudiants et ceux de l'Université.

La population étudiante aujourd'hui

Une croissance tardive, mais rapide des effectifs étudiants

Jusqu'au lendemain de la Seconde Guerre mondiale, la population étudiante reste encore peu nombreuse (figure 1). Ce n'est qu'à partir de 1945 que le nombre d'étudiants atteint puis dépasse

100 000. Rapportée aux effectifs de la classe d'âge, la proportion d'étudiants reste toutefois très faible : le nombre d'étudiants inscrits dans les universités ne représente encore que 4 % de la population des 18-22 ans en 1946. Le véritable « décollage » des effectifs ne survient qu'à la fin des années cinquante. Dans les années soixante, la croissance est vive — le nombre d'inscrits étant multiplié par cinq entre les années 1940 et 1967, pour atteindre 500 000. La progression est moins forte durant les vingt ans qui suivent, mais elle connaît une nouvelle accélération depuis la fin des années quatre-vingt, à tel point qu'on peut parler aujourd'hui d'une véritable massification de l'enseignement supérieur.

FIGURE 1. — NOMBRE D'ÉTUDIANTS INSCRITS
DANS LES UNIVERSITÉS (PUBLIC)

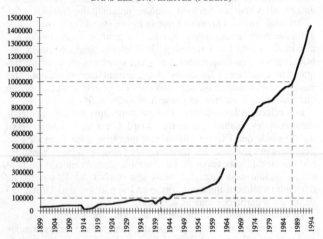

Source : ministère de l'Éducation nationale, Direction de l'évaluation et de la prospective.

En prenant en compte les seuls effectifs des inscrits à l'Université, la proportion d'étudiants parmi les 18-22 ans a été multipliée par six depuis le début des années cinquante (figure 2). Cette proportion n'a atteint 10 % qu'en 1962 et 20 % en 1978 ; elle est aujourd'hui supérieure à 35 %. Si l'on prend en compte la totalité des inscrits dans l'enseignement supérieur, les effectifs représentent plus de la moitié de la population des 18-22 ans. La croissance a été surtout forte après le milieu des années quatre-vingt.

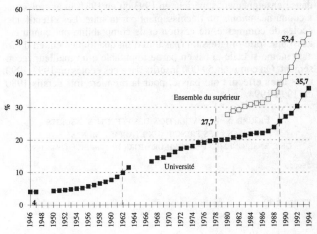

Source : MEN, INSEE.

Un éclatement de la catégorie ?

Pour être appréciée dans toute sa mesure, la montée des effectifs étudiants doit être resituée dans le contexte qui l'explique en partie : la diversification des types d'établissements et des filières.

Une analyse de la période récente ne peut plus porter sur la seule statistique des inscrits dans les universités. En effet, si ces derniers constituent toujours la grande majorité des jeunes qui poursuivent des études supérieures, ils en forment une proportion légèrement décroissante. Le déclin du poids relatif de l'Université est modéré mais continu : de 68 % en 1980-1981, la proportion d'étudiants des universités (hors IUT) parmi l'ensemble des effectifs du supérieur est passée à 63 % en 1993-1994 (tableau II). Cette décroissance relative n'est pas due à une baisse du nombre d'inscrits dans les universités ; au contraire, ce nombre continue de croître à un rythme de 3 % à 4 % l'an (au lieu de 11,5 %, toutefois, sur la décennie soixante-soixante-dix). Mais d'autres établissements que les universités ont enregistré une croissance beaucoup plus vive de leurs effectifs. Les sections de techniciens supérieurs (STS) ont vu leurs effectifs plus que tripler en dix ans, passant de 67 000 à plus de

230 000, et ont ainsi pu répondre à l'ampleur prise au lycée par les filières technologiques [Canceil, 1993]. Ces étudiants représentent une proportion deux fois plus importante de l'ensemble des inscrits dans l'enseignement supérieur en 1993 qu'en 1981. Leur croissance a connu néanmoins un fléchissement par la suite. Les effectifs des écoles de commerce, de gestion et de comptabilité ont connu eux aussi une forte progression (pas loin d'un quadruplement en douze ans) même si celle-ci est en partie imputable à un meilleur recensement. On comptait 59 000 inscrits dans ces écoles en 1992-1993, mais leurs effectifs ont baissé, pour la première fois depuis 1980, en 1993-1994.

FIGURE 3. — ÉVOLUTION DES EFFECTIFS INSCRITS
DANS LES PRINCIPAUX ÉTABLISSEMENTS
DE L'ENSEIGNEMENT SUPÉRIEUR, HORS UNIVERSITÉ (1948-1993)

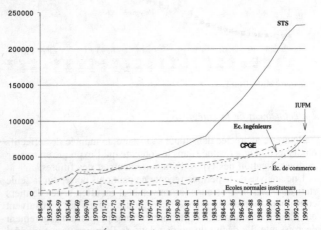

Source : ministère de l'Éducation nationale.

La mise en place des instituts universitaires de formation des maîtres à partir de l'année universitaire 1991-1992 a aussi fortement contribué à la croissance des effectifs inscrits dans l'enseignement supérieur, en partie en raison de la création d'une deuxième année pour la formation des enseignants du second degré. Elle explique aussi la moindre progression des effectifs universitaires en 1991. On comptait près de 55 000 étudiants inscrits en IUFM en 1991-1992 et 64 000 en 1992-1993. Les effectifs se sont à nouveau accrus de 23 % en 1993-1994 (80 000 inscrits).

TABLEAU II. — LES EFFECTIFS DE L'ENSEIGNEMENT SUPÉRIEUR
(EN MILLIERS ET % SUR L'ENSEMBLE) EN 1980-1981 ET EN 1993-1994

	1980-1981		1993-1994	
	x 1 000	%	x 1 000	%
Universités				
Disciplines générales et de santé	799	68	1 302	62,7
IUT	54	4,6	93	4,5
IUFM	–	–	80	3,9
STS	67	5,7	233	11,2
CPGE	40	3,4	73	3,5
Écoles d'ingénieurs*	29	2,4	49	2,4
Écoles de commerce, gestion et comptabilité	16	1,3	57	2,7
Écoles supérieures artistiques et culturelles	33	2,8	51	2,5
Écoles paramédicales et sociales	92	7,8	82	4
Autres établissements	45	3,9	55	2,6
Ensemble, France	*1 175*	*100*	*2 075*	*100*

* Indépendantes des universités.

Source : MEN.

L'hétérogénéité de la population étudiante s'alimente à une autre source que la diversification des établissements et des filières. Le public lui-même comprend des étudiants « atypiques » qui s'apparentent plus à des adultes en formation permanente qu'à de véritables étudiants. Une enquête, menée dans neuf universités [Béduwé et Espinasse, 1995], tente d'évaluer l'ampleur statistique de ces catégories d'étudiants. En combinant deux critères, l'âge (au-delà de 27 ans, les étudiants ne peuvent plus prétendre à certains aménagements fiscaux et sociaux) et l'absence d'interruption d'études, le « modèle typique » de l'étudiant regroupe environ 80 % des effectifs des universités. Pour construire leur typologie des publics étudiants, les auteurs rajoutent un critère relatif à l'activité dont la définition varie selon les publics considérés. Ainsi, près des trois quarts des « adultes actifs en reprise d'études » occupent des emplois permanents à temps plein alors que 60 % des « jeunes étudiants actifs » ont un emploi temporaire et/ou à temps partiel, pour une large part, de « petits jobs » destinés à financer tout ou partie de leurs études.

Les quatre premiers groupes, qui représentent 86 % des étudiants inscrits, ont poursuivi leurs études supérieures sans interruption. Parmi ce premier ensemble, les étudiants « attardés », inactifs malgré leur âge élevé, sont surtout présents en troisième cycle, sont surreprésentés en **médecine**, et comprennent un fort contingent d'étrangers. Les « "vieux" étudiants actifs » présentent un profil assez proche avec une surreprésentation massive des « médecins » : on retrouve dans ce groupe les études de spécialisation médicale.

À l'inverse de ce premier sous-ensemble, 14 % des étudiants ont repris leurs études après les avoir interrompues et, parmi eux, on compte surtout des individus qui présentent deux ou même trois critères qui permettent de les assimiler à des adultes fréquentant l'enseignement supérieur : un âge élevé, le fait d'être actif et marié.

Un ralentissement probable de la croissance du nombre d'étudiants

Pendant la décennie 1983-1993, l'accroissement du nombre d'étudiants a été proche de 700 000. D'après les prévisions du ministère de l'Éducation nationale, la croissance moins vive que par le passé des effectifs d'élèves dans les lycées, du fait de l'arrivée de générations moins nombreuses à l'âge d'accès au second degré, devrait ramener cet accroissement à environ 350 000 pour la décennie 1993-2003. Ces prévisions sont effectuées sous quatre sortes d'hypothèses : démographiques (effectifs de terminales) ; taux d'admis au baccalauréat ; taux d'accès et orientation des bacheliers vers l'enseignement supérieur ; taux d'accès vers le deuxième cycle universitaire. Les résultats des prévisions montrent que la généralisation de la poursuite d'études après le baccalauréat technologique ne suffit plus à compenser la baisse des effectifs de terminale due au creux démographique. Ainsi, dans l'ensemble des filières de l'enseignement supérieur, la croissance des effectifs est-elle moins vive. Ce sont les effectifs de deuxième cycle à l'Université qui progressent le plus sur la période (autour de 35 %), tandis que le nombre d'inscrits en IUT et en STS s'accroît respectivement d'environ 20 % et 10 % [Dervieux et Dubois, 1994].

Démocratisation ou réduction des inégalités ?

La sociologie des **inégalités** devant l'éducation a produit une littérature trop abondante pour qu'il soit question d'en faire ici la synthèse (le lecteur peut se reporter à Jean-Claude Forquin [1990] et à Marlène Cacouault et Françoise Œuvrard [1995]). Un tel exercice dépasserait en outre largement la question des études supérieures, qui ne représentent que le stade ultime des choix et des parcours scolaires. En réalité, les choses se décident bien en amont. On se contentera donc de rappeler les principaux résultats de quelques enquêtes clés et de présenter les grandes orientations de la sociologie française en la matière.

L'enquête longitudinale de l'INED qui a permis de suivre une cohorte de 1962 à 1972 [Girard et Bastide, 1973] montre que la réussite à l'école primaire (réussite et âge d'entrée au CM2) constitue un facteur essentiel de poursuite d'études. Le probabilité d'être étudiant en 1972 est significativement plus élevée pour ceux qui étaient jugés « excellents élèves » en 1962 ou qui étaient en avance. L'enquête met également en lumière l'importance du milieu social qui distingue l'origine des élèves en trois groupes principaux : les ouvriers agricoles, paysans et ouvriers d'un côté, au milieu les artisans, commerçants et employés et, de l'autre côté, les cadres moyens, professions libérales et cadres supérieurs. Mais surtout, cette inégalité d'accès s'aggrave au fur et à mesure du cursus : les enfants de cadres supérieurs avaient six fois plus de chances que les enfants d'ouvriers d'être présents en 1972 dans l'enseignement supérieur, alors que le rapport était de un à deux en 1962 à l'entrée en sixième. Alain Girard et Henri Bastide montrent par ailleurs que l'inégalité de résultats scolaires ne suffit pas à expliquer l'inégalité de réussite. Une autre explication, complémentaire, s'impose : à réussite scolaire équivalente, la demande de scolarisation diffère selon les milieux sociaux.

Ce constat a été interprété de manière différente par les deux principaux courants de la sociologie française de l'éducation. Pour Pierre Bourdieu et Jean-Claude Passeron [1964a, 1970], l'inégalité de réussite est liée essentiellement aux avantages et aux handicaps « culturels » — le « capital culturel » — qui sont dévolus aux différentes classes sociales. Les atouts dont bénéficient les jeunes des classes aisées, et qui font défaut aux jeunes des autres classes, sont constitués de savoirs formels transmis par la famille dans le domaine culturel, en matière d'information, de connaissance et de familiarité avec le système scolaire, mais aussi d'aptitudes informelles progressivement acquises tout au long de la socialisation. Moins visibles que la culture transmise par l'éducation explicite, ces aptitudes familiales, héritées et intériorisées, se manifestent dans des attitudes, des goûts, des manières d'être et de parler valorisées par l'école et pensées par le sens commun comme des dons ou des aptitudes naturelles.

Mais, à ce handicap des ressources pour réussir s'ajoute un handicap de dispositions qui fait que « toutes aptitudes égales d'ailleurs, le taux de réussite scolaire est inégal selon les classes sociales » [Bourdieu et Passeron, 1964a]. Cette inégalité d'ambition scolaire est le produit d'un « ethos de classe », ou du « système culturel » propre à chaque classe sociale, qui tend à ajuster par avance les espérances subjectives aux chances objectives. Ce processus d'intériorisation des probabilités objectives conduit donc à construire des

attentes conformes au destin probable de la classe sociale considérée comme un groupe attaché à persévérer dans son être.

Raymond Boudon proposait en 1973 une interprétation plus individuelle et rationnelle en présentant ce choix comme un calcul
bénéfices/coût/risques qui dépend de la position de chacun dans un
état donné de la stratification sociale et qui lui fait évaluer à chaque
bifurcation du parcours scolaire les coûts et les avantages de la poursuite des études. Plus on part de bas, plus les coûts et les risques
apparaissent élevés au fur et à mesure que l'on s'élève dans la hiérarchie scolaire. Autrement dit, c'est moins le niveau absolu que
l'on doit prendre en compte, pour juger des inégalités devant l'éducation, que la distance à parcourir.

Si tous les auteurs s'accordent pour considérer que l'accès aux
études supérieures est socialement inégalitaire, l'accord est moins
clair quant au sens à donner aux évolutions de cette inégalité depuis
vingt ou trente ans. Le débat est, dès l'abord, rendu difficile par la
qualité des sources sur l'origine sociale des étudiants : de nature
administrative et recueillie sous forme auto-administrée lors du
dépôt du dossier d'inscription, le plus souvent à l'aide d'une nomenclature préétablie, cette information est donc le produit d'un auto-
classement dont l'usage et la signification sont mal contrôlés
[Merllié, 1983].

Sans négliger l'incertitude produite par l'imperfection du recueil
de l'information statistique, on peut néanmoins tirer quelques enseignements des travaux récents. Michel Euriat et Claude Thélot
[1995] concluent à une réduction significative des inégalités d'accès
à l'enseignement supérieur. En 1960, un tiers des étudiants avaient
un père cadre supérieur ou professeur, alors que la proportion
d'enfants de même origine parmi l'ensemble des jeunes de 20 à
24 ans n'était que de 6 %. A l'inverse, à cette date, les enfants
d'ouvriers ne représentaient que 6 % à 7 % des étudiants, contre
35 % de la population juvénile. Ainsi les enfants d'ouvriers avaient,
à cette époque, 28 fois moins de chances d'être présents à l'Université que les enfants de cadres supérieurs [1]. Selon les calculs de
M. Euriat et C. Thélot, les chances des enfants d'ouvriers d'être
présents à l'Université en 1992 seraient non plus 28 fois, mais 7 fois
moindres que celles des enfants de cadres supérieurs et de professeurs. Ces deux auteurs concluent même, dans leur étude consacrée
essentiellement à cette question, à un recrutement légèrement moins
inégalitaire qu'il y a trente ou quarante ans, des grandes écoles.

---

1. Le rapport des chances est obtenu en comparant pour chacune des origines sociales
leur poids parmi les étudiants et leur poids parmi l'ensemble des jeunes. En 1960 :
(33,6/6,4)/(6,6/34,8) [Euriat et Thélot, 1995].

Toutefois, la réduction des inégalités ne s'est pas effectuée de manière homogène sur toute la période d'observation. Dans leur synthèse sur le lien entre le diplôme le plus élevé obtenu et le milieu d'origine menée à partir des enquêtes de l'INSEE sur la formation et la qualification professionnelle (dites enquêtes FQP), D. Goux et E. Maurin [1995] concluent que, sur la période allant de la fin des années soixante à la fin des années quatre-vingt, le mouvement de démocratisation, par un accès plus large de toutes les catégories sociales à la formation, s'est effectué sans réduction significative des inégalités. Autrement dit, les catégories autrefois les moins scolarisées auraient profité comme les autres, mais pas plus que les autres, des progrès de la scolarisation et n'auraient donc pas pu ainsi rattraper leur retard sur les catégories les mieux pourvues. Comme le font remarquer C. Thélot et M. Euriat, cette démocratisation peut néanmoins avoir des conséquences qualitatives différentes selon les classes sociales : « Parmi les cadres et les professeurs, pris comme classe, l'accès aux études supérieures, par exemple, est une extension ; parmi les couches populaires, c'est une nouveauté. »

Par ailleurs, la synthèse de Goux et Maurin présente deux limites. D'une part, elle s'appuie sur une nomenclature de diplômes très agrégée ; d'autre part, et surtout, elle porte sur les personnes ayant eu 25 à 34 ans en 1993, c'est-à-dire des individus ayant fini leur scolarité en moyenne depuis une dizaine d'années. Or c'est dans la période récente, qu'explorent d'une autre manière C. Thélot et M. Euriat (non à partir du diplôme terminal, mais en comparant les taux d'accès à tel ou tel niveau d'enseignement), que la démocratisation semble s'être accélérée et accompagnée d'une réduction plus significative des inégalités.

Féminisation des effectifs étudiants

A l'inverse de la question de la réduction des inégalités sociales, la féminisation de l'accès aux études supérieures est une tendance qui ne prête pas à débat. La montée des effectifs étudiants est en effet directement associée à leur féminisation. Avant la Première Guerre mondiale, ce n'est qu'une infime proportion de femmes qui poursuivent des études à l'Université. En dehors des disciplines littéraires où la croissance des effectifs féminins s'amorce dès le début du siècle, avant 1914, les étudiants sont presque exclusivement masculins (figure 4). Après la Première Guerre mondiale, la croissance du poids des jeunes femmes dans les effectifs universitaires est continue et presque linéaire. Mais ce mouvement part de si bas qu'il doit se poursuivre jusqu'au début des années quatre-vingt pour que le pourcentage de femmes parmi les étudiants inscrits à l'Université atteigne, puis dépasse 50 %. La présence d'étudiants étrangers (10 % des effectifs universitaires en 1993-1994), plus souvent masculins, doit conduire toutefois à relativiser quelque peu la sous-représentation féminine.

L'écart entre les disciplines du point de vue de leur taux de féminisation ne s'est pas beaucoup transformé depuis les années trente : lettres-sciences humaines et pharmacie « sur-féminisées », sciences et médecine « sous-féminisées ». Seules les disciplines de droit et de sciences économiques, qui étaient parmi les moins féminisées avant-guerre, ont vu leurs effectifs féminins croître nettement plus vite que la moyenne dans les années soixante-dix/quatre-vingt, au point d'avoir aujourd'hui un taux de féminisation supérieur à 50 %.

FIGURE 4. — PART DES FEMMES (%)
DANS LES DIFFÉRENTES DISCIPLINES UNIVERSITAIRES
DU DÉBUT DU SIÈCLE À NOS JOURS

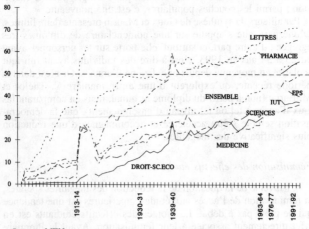

Source : MEN.

Les établissements d'enseignement supérieur non universitaires sont dans l'ensemble moins féminisés que l'Université : le taux de féminisation est de seulement 22 % dans les écoles d'ingénieurs (1993-1994), 38 % dans les classes préparatoires aux grandes écoles (1994-1995), 47 % dans les écoles de commerce (1994-1995) et 49 % dans les sections de techniciens spécialisés (1994-1995).

Une atténuation des disparités régionales

L'opposition entre le nord de la France, plus industrialisé et moins scolarisé, où la formation sur le tas a longtemps constitué un moyen privilégié d'accès à l'emploi, et un Sud plus tertiarisé et plus instruit, s'est atténuée. On note des progrès particuliers de scolarisation au-dessus de la Loire : en Bretagne, maintenant située en tête, mais aussi en Normandie, dans les régions du Nord et du Nord-Est.

TABLEAU III. — TAUX DE SCOLARISATION DES 15-24 ANS
DANS LES RÉGIONS EN 1968 ET EN 1990 (%)

	1968	1990
Haute-Normandie	33,5	55,6
Picardie	33,8	56,8
Champagne-Ardennes	35,9	57,1
Nord-Pas-de-Calais	36,1	61
Alsace	37,5	52,4
Lorraine	38,2	59,1
Basse-Normandie	38,2	57,2
Pays de la Loire	38,4	59,9
Centre	38,8	56,1
Franche-Comté	39,5	58,5
Bourgogne	40,8	57,3
Poitou-Charentes	41,3	58,1
Ensemble Métropole	**41,4**	**59,4**
Ile-de-France	42,4	61
Rhône-Alpes	42,5	60
Auvergne	43,8	59,9
Corse	44,8	55,9
Aquitaine	45	59,2
Bretagne	45,1	64,4
Limousin	45,6	59,8
PACA	46,3	58,9
Languedoc-Roussillon	49,8	59,3
Midi-Pyrénées	50,4	61,7

Source : INSEE, recensements.

Si l'on tente d'approcher de plus près la question des différences régionales d'accès à l'enseignement supérieur, en mesurant la progression de la proportion de jeunes qui atteignent le niveau du baccalauréat, le même constat s'impose. Depuis 1975, la proportion de bacheliers dans une génération (nombre de bacheliers rapporté à la population totale du même âge) a nettement plus que doublé, passant de 24 % à près de 59 % (1994) et l'écart entre les académies s'est réduit, même si vingt points séparent encore les deux extrémités de l'échelle [ministère de l'Éducation nationale, 1994 et 1995].

	1975	1994
Paris	54,6	74,1
Amiens	17,8	55,3
Caen	17,9	54,3
Lille	18,2	59,1
Reims	19,8	57,6
Rouen	17,8	55,4
Métropole	24,2	58,9

* Nombre de bacheliers rapporté à l'effectif des générations concernées (%).

Source : ministère de l'Éducation nationale.

En effet, l'avance que comptait Paris — l'académie comprenant le taux le plus élevé de jeunes bacheliers — sur les académies les plus retardataires en 1975 s'est réduite dans des proportions très voisines selon les académies. Alors qu'un élève parisien avait plus de cinq à six fois plus de chances d'être bachelier en 1975 qu'un élève d'une des régions les plus en retard, il n'en a qu'un peu plus de deux fois plus en 1994.

Cette amélioration du classement des régions retardataires est en partie imputable à un effet de structure tenant à la transformation de leur composition sociale. Mais certaines régions, particulièrement dynamiques, voient leur taux d'accès au baccalauréat progresser nettement au-delà de ce qui serait attendu compte tenu de leur structure sociale. C'est le cas notamment des académies de Rennes, Limoges, et, dans une moindre mesure, Lille et Besançon [DEP, 1994].

L'étudiant français vu par les sociologues

Les « héritiers » ou l'étudiant bourgeois

Dans leur livre fameux qui a fondé une image, longtemps dominante, des étudiants, Pierre Bourdieu et Jean-Claude Passeron [1964a] développent une thèse principale : en tant que groupe social spécifique, les étudiants n'existent pas. Pour établir ce diagnostic, ils passent en revue plusieurs domaines qui pourraient fonder l'unité de la catégorie étudiante. Sur le plan des conditions de vie tout d'abord, on ne peut, selon eux, parler de « condition étudiante » tant « l'habitat, le type de vie quotidienne, le montant des ressources et leur répartition entre les différents postes budgétaires, l'intensité et la modalité du sentiment de dépendance [...], dépendent directement et fortement de l'origine sociale en même temps qu'ils en relaient l'efficacité ». La très forte variation, qu'ils constatent dans leurs enquêtes (réalisées en plusieurs vagues auprès d'étudiants de lettres et de sciences humaines ; voir [Bourdieu, Passeron, 1964b]), de l'aide familiale selon l'origine sociale des étudiants les conduit notamment à considérer que tout sépare les étudiants fils de paysans et d'ouvriers des étudiants des « hautes classes ».

Ayant rejeté l'hypothèse de l'unité des conditions de vie, les auteurs se demandent alors si celle-ci peut se constituer malgré tout dans le « rapport aux études », mais répondent là aussi par la négative : « Les étudiants peuvent avoir en commun des pratiques, sans que l'on puisse en conclure qu'ils en ont une expérience identique et surtout collective. » Là encore, le type d'engagement dans les études se révèle très différent selon que l'on considère les étudiants issus de la bourgeoisie et les autres. Les premiers se caractérisent par leur « éclectisme » et leur « dilettantisme », par des « choix scolaires régis par un principe de plaisir plus que par un principe de réalité », et bien que les auteurs ne décrivent pas les étudiants des autres classes, on imagine qu'ils présentent les caractéristiques inverses.

Comme dans le domaine des conditions de vie, le rapport qu'entretient l'étudiant avec ses études exprime donc essentiellement le « rapport fondamental que sa classe sociale entretient avec la société globale ». Les auteurs des *Héritiers* examinent finalement les deux ultimes voies possibles de réalisation d'une identité étudiante : d'une part, celle qui est liée à l'usage du temps ; d'autre part, celle qui découle de la possible identification symbolique à « une essence historique de l'étudiant ».

La première voie résulte de la situation d'affranchissement exceptionnel de l'étudiant à l'égard des contraintes temporelles : « Si superficielles et si factices soient-elles, ces libertés sont les licences décisoires par lesquelles le potache s'atteste qu'il devient étudiant. » Mais Pierre Bourdieu et Jean-Claude Passeron contestent que « cet usage libre et libertaire du temps » soit suffisant pour définir positivement une condition étudiante. L'intégration, l'adhésion à un groupe supposent, selon eux, que celui-ci obéisse à des contraintes temporelles ; or, celles-ci, précisément, ne régissent que de façon minimale la vie étudiante (l'assistance aux cours). Ces contraintes temporelles, déjà très faibles chez les étudiants, ne sont pas elles-mêmes suffisantes. Encore faut-il qu'elles renvoient à un cadre intégrateur plus large — l'adhésion à des valeurs communes, la participation à un réseau de relations — qui, selon Bourdieu et

Passeron, ne s'est manifesté qu'à travers un « folklore étudiant », lui-même tombé en désuétude.

Le principal argument est en fait qu'il n'y a pas de sociabilité étudiante. Pierre Bourdieu et Jean-Claude Passeron n'emploient pas cette expression, mais c'est bien l'idée qui est exprimée : « L'inter-connaissance entre condisciples (et *a fortiori* entre étudiants de disciplines différentes) reste très faible [...]. Les seuls réseaux d'inter-connaissance qui aient quelque continuité ou quelque consistance sont ceux qui datent d'une scolarité antérieure ou qui reposent sur des liens sociaux extérieurs, tels que l'origine géographique commune, l'affiliation religieuse ou politique et surtout l'appartenance aux classes sociales les plus aisées. »

Une dernière voie possible d'intégration étudiante pourrait passer par l'identification à l'« essence historique de l'étudiant ». Par cette expression, les auteurs entendent une image idéalisée de l'étudiant qui, si elle est adoptée, peut générer certaines pratiques spécifiques, la fréquentation, par exemple, « des espaces mythiques où les étudiants viennent rejoindre l'étudiant archétypal plus qu'ils ne s'y rejoignent ». On l'aura compris, cette identité est purement factice.

Ayant dressé ce quadruple constat d'absence de conditions de vie étudiantes, d'absence d'un rapport unifié aux études, d'absence d'une « vie étudiante » et, enfin, du caractère factice de l'identité symbolique étudiante, les auteurs concluent qu'une « identité proclamée qui affirme l'unité de la condition étudiante et l'unanimité des aspirations étudiantes » ne fait que masquer une « identité cachée » liée à la prépondérance des étudiants d'origine bourgeoise. Bref, si le milieu étudiant n'existe pas, c'est que « l'origine sociale est, de tous les déterminants, le seul qui étende son influence à tous les domaines et à tous les niveaux de l'expérience des étudiants ». Cette influence déterminante a une double conséquence. D'une part, l'unité du monde étudiant ne résiste pas à cette différence fondamentale, préalable à l'expérience étudiante et qui n'est en rien entamée par celle-ci. Les étudiants d'origine bourgeoise, d'autre part, dominants à l'Université, restent principalement attachés, par les valeurs auxquelles ils adhèrent comme par les réseaux de relations dans lesquels ils sont engagés, à leur milieu d'origine.

Cette détermination du milieu social d'origine se manifeste dans les pratiques culturelles des étudiants d'origine bourgeoise. Ces derniers héritent des goûts et des dispositions liés au capital culturel de leur famille : ils fréquentent plus que les autres étudiants, par exemple, le théâtre, le musée ou le concert classique.

Dans leur ouvrage publié en 1981, Christian Baudelot, Roger Benoliel, Hubert Cukrowicz et Roger Establet présentent une analyse du monde étudiant très différente de celle proposée par leurs illustres devanciers. En fait, c'est sur le point central de l'existence d'un « statut étudiant », d'une « condition étudiante », que les auteurs de *Les Étudiants, l'Emploi, la Crise* prennent le contre-pied (sans le dire explicitement) du diagnostic de 1964. Quelle que soit l'hétérogénéité du groupe étudiant, les traits communs qui les rassemblent et les opposent aux autres jeunes sont plus importants que les différences internes. Ces traits communs concernent les conditions d'existence, le mode de vie et les consommations culturelles. Les étudiants demeurent fortement dépendants de leur famille, ils ne sont pas obligés de travailler pour subvenir à leurs besoins et ils restent à l'abri de « l'insécurité économique, de la précarité des emplois, des alternances de travail et de chômage » qui marquent la jeunesse ouvrière ; enfin, ils bénéficient d'un privilège exceptionnel, une disponibilité de temps qui, associée aux avantages économiques dont ils profitent, permet aux étudiants d'accéder à des consommations culturelles et des loisirs inaccessibles aux autres jeunes.

La description n'est pas très éloignée de celle des *Héritiers*, mais la conclusion relative à la « consistance sociale » du groupe étudiant est opposée. Les étudiants sont bien des jeunes privilégiés, à l'abri des contraintes qui pèsent sur les jeunes du même âge déjà engagés dans la vie active. Mais alors que Pierre Bourdieu et Jean-Claude Passeron rattachaient cette spécificité à la seule origine de classe, Christian Baudelot et ses coauteurs la font dépendre principalement du statut partagé par tous ces jeunes, c'est-à-dire le fait de poursuivre des études supérieures.

L'explication de cette différence d'interprétation est donnée en filigrane par Baudelot et ses coauteurs. Pierre Bourdieu et Jean-Claude Passeron ont fondé leur analyse sur des enquêtes menées dans des facultés de lettres et de sciences humaines et présentent un type qui ne serait que « l'ultime dégradation du modèle de référence » des *Héritiers*, l'« héritier littéraire » qui « joue sa dernière chance contre le déclassement social ». Son apparent dédain pour les études et la sociabilité universitaire, son dilettantisme intellectuel, plus qu'une « stratégie triomphante », seraient une « attitude de compensation » : « Faute de pouvoir mettre en œuvre la morale professionnelle de sa classe sociale (initiative, compétition, labeur), et de pouvoir développer dans un milieu universitaire désintégré les aptitudes bourgeoises à la sociabilité, il lui faut bien se rabattre sur le dernier carré des atouts fournis par l'éducation familiale : la culture. » L'« héritier » de Pierre Bourdieu et Jean-Claude Passeron ne serait donc qu'un bourgeois déclassé qui se tourne vers son milieu d'origine pour masquer ou compenser l'échec relatif de son parcours scolaire qui ne lui permettrait pas, à lui seul, de rejoindre l'élite sociale.

Mais au-delà de la similitude formelle des conditions d'existence, quel est le mécanisme qui donne son unité au groupe étudiant ? Pour Christian Baudelot et ses coauteurs, l'Université fabrique les « petits-bourgeois » dont la « société bourgeoise » a besoin pour ses fonctions d'encadrement. Et elle le fait en régulant les attentes et les aspirations sociales à travers le diplôme. Le principe d'unité du groupe étudiant se situe donc à l'extérieur de la vie étudiante elle-même, et réside plutôt dans la fonction sociale future à laquelle destinent les études supérieures.

L'étudiant de masse désocialisé

Plus de dix ans après *Les Étudiants, l'Emploi, la Crise*, Didier Lapeyronnie et Jean-Louis Marie, à la suite d'une enquête qualitative menée à Bordeaux, Villetaneuse, à Jussieu et à la Sorbonne, publient *Campus-blues* [1992], qui donne une image nouvelle du groupe étudiant. L'étudiant n'est plus défini ni par sa classe sociale ni par le privilège que confère la poursuite d'études supérieures, il est devenu un « étudiant de masse » qui vit cette expérience soit sur un mode traumatique, soit sur un mode purement utilitaire, soit encore sur le mode du retrait, mais sans que cette expérience prenne un véritable sens qui donnerait une unité et une consistance au groupe étudiant.

Par rapport aux deux ouvrages précédents, Jean-Louis Marie et Didier Lapeyronnie partagent plus plutôt le diagnostic de Pierre Bourdieu et Jean-Claude Passeron — le milieu étudiant n'existe pas —, même si les raisons qui les conduisent à le formuler sont très différentes de celles des auteurs des *Héritiers*. En effet, pour eux, le « monde traditionnel des héritiers n'existe plus et le milieu s'est dissous ». Contrairement donc à la thèse des *Héritiers*, la faible intégration étudiante n'est pas liée à la structure sociale du milieu, elle tient à l'état de profonde désorganisation de l'Université, on pourrait presque dire, à lire les auteurs, de « décomposition » : « Dans cet univers du mépris, aucune vie étudiante ou universitaire ne peut se développer. Pour de nombreux étudiants, les universités ne constituent pas un milieu humain. » Les étudiants oscilleraient ainsi entre trois types de conduite : l'adaptation qui se traduit soit par l'apathie lorsque la désorganisation universitaire brise l'individu (crise personnelle et attitudes de repli), soit par le conformisme, fortement teinté de ritualisme, lorsque l'Université fonctionne mieux ; l'individualisme, conduite par laquelle l'Université est utilisée à des fins stratégiques avec un comportement d'usager ; le retrait, enfin, adopté par ceux qui valorisent ce qui est hors de l'Université.

Dans l'ensemble, le tableau dressé est très noir. La massification détruit l'Université traditionnelle, elle contribue à la dégradation des conditions matérielles, à la dévaluation des diplômes, à la désorganisation pédagogique, à l'éclatement de la vie étudiante. Dans un tel univers, l'étudiant vit une « expérience de désocialisation ».

Des univers étudiants diversifiés

Le Monde des étudiants [Galland (dir.), 1995], résultat d'une enquête par questionnaire auprès de 2 000 étudiants de Rennes, Besançon et Nanterre, dresse un portrait plus nuancé de l'univers étudiant, à bien des égards plus proche de l'ouvrage de Baudelot et de ses coauteurs que de *Campus-blues*. Le monde des étudiants se caractérise par une grande diversité tant des filières et des ambitions scolaires que de l'intégration à l'Université et au « milieu » étudiant qui s'y constitue. Cette diversité est essentiellement fonction des filières suivies, des types d'établissement fréquentés et de la localisation, parisienne ou provinciale, des universités. En fonction de ces critères, les attitudes étudiantes se déploient sur un continuum qui va d'une forte à une très faible intégration et il est difficile d'établir un diagnostic « moyen » qui ne tienne pas compte de cette grande variabilité des attitudes.

Le milieu étudiant existe, mais il se contruit plus hors de l'Université qu'en son sein. L'Université est une institution faible du point de vue de l'engagement et de la participation des étudiants. Mais elle constitue néanmoins un cadre commun, sur le plan disciplinaire comme sur le plan de la sociabilité, qui fédère les jeunes qui la fréquentent. La majorité d'entre eux s'autodéfinissent en priorité par la qualité d'« étudiant » et le sens de cette affiliation est double. D'une part, les attitudes des étudiants sont fortement définies par l'appartenance disciplinaire, que ce soit sur le plan des valeurs, du degré et du type d'engagement dans les études, ou dans le mode de sociabilité. D'autre part, la vie étudiante, notamment en province, présente des traits très spécifiques qui la distingue aussi bien de la vie de lycéen que de la vie des jeunes qui sont déjà entrés dans la vie active. A ce double titre, le statut d'étudiant confère une identité forte mais qui demeure évidemment variable en fonction des cursus.

L'adaptation rationnelle à la dégradation de la condition étudiante

D'autres auteurs ont analysé l'adaptation des étudiants à l'Université de masse dans l'optique — très différente de celle des travaux précédemment cités — d'un choix individuel rationnel. Un des plus représentatifs est Louis Lévy-Garboua [1976] qui se place dans la perspective de la théorie du capital humain. Pour celle-ci, l'éducation est un investissement productif qui n'est entrepris que si le rendement marginal des études n'est pas inférieur à leur coût marginal. Dans cette optique, la croissance des effectifs de l'enseignement supérieur semblait être le signe d'un accroissement relatif de la rentabilité professionnelle de l'investissement éducatif. Pourtant, dès le début des années soixante, la croissance du nombre d'étudiants est beaucoup plus rapide que la croissance économique, ce qui explique en partie la dégradation de la condition étudiante et annonce les contradictions de l'Université de masse.

Mais comment expliquer la rigidité à la baisse des effectifs étudiants malgré la baisse de rentabilité professionnelle de l'investissement éducatif ? Pour Louis Lévy-Garboua, les étudiants s'adaptent à cette dégradation en faisant un nouvel arbitrage entre le temps consacré aux études et le temps consacré à d'autres activités. En substituant des activités de loisirs et du travail à temps partiel au temps d'étude non obligatoire, l'étudiant réduit le coût temporel des études et maintient donc le taux de rentabilité pécuniaire. Par ailleurs, en poursuivant des études, l'étudiant ne fait pas qu'anticiper des satisfactions professionnelles et monétaires futures liées à son diplôme ; il vise aussi l'accès immédiat au « marché de la qualité de la vie » étudiante : loisirs, rencontres, recherche de partenaires, prospections d'emploi, toutes activités qui sont liées au statut étudiant car trop coûteuses pour être menées dans le cadre du mode de vie adulte. Mais, pour Louis Lévy-Garboua, les deux demandes sont contradictoires : « La transition de l'Université classique vers l'Université de masse a entraîné une dégradation de la condition étudiante qui résulte de l'incompatibilité qu'il y a à demander à la fois d'accéder au marché de la qualité de la vie et au marché des élites. »

II / L'expérience universitaire

Pour Pierre Bourdieu et Jean-Claude Passeron [1964], l'« héritier » entretient un rapport dilettante à ses études, ses choix se fondant plus sur la recherche d'un plaisir personnel que sur un diagnostic utilitaire. Raymond Boudon [1969] présente les choses autrement, mais part d'une idée assez semblable lorsqu'il remarque que l'Université bourgeoise des années cinquante est centrée sur la culture générale plus que sur la formation professionnelle et vient sanctionner et confirmer *a posteriori* une position sociale déjà acquise par le réseau familial. Dans ce contexte, la question de l'orientation ne se pose pas.

Mais l'afflux de nouveaux étudiants des classes moyennes et populaires qui ne peuvent attendre le même soutien de leurs parents, la multiplication des filières et l'incertitude plus grande sur les débouchés vont progressivement contribuer à faire de l'orientation une question cruciale pour les étudiants.

L'orientation

Même si on peut penser, comme François Dubet [1994], que les « principes d'identification et de construction des expériences étudiantes » doivent être aujourd'hui recherchés dans « les rapports des étudiants à leurs études eux-mêmes, plus que dans les facteurs "déterminants" », ces derniers pèsent néanmoins d'un poids encore lourd en amont de l'expérience étudiante proprement dite, au moment du choix de la filière et du type d'établissement.

Le sexe constitue ainsi un facteur d'orientation déterminant : les jeunes femmes se dirigent préférentiellement vers l'Université (où elles représentent 55 % des effectifs inscrits dans les disciplines générales) et, au sein de l'Université, plutôt vers les disciplines littéraires (71 % en lettres et sciences humaines), tandis qu'elles accèdent encore nettement moins souvent que les hommes aux disciplines scientifiques (36 %), aux IUT (38 %), et, hors de l'Université, aux classes préparatoires aux grandes écoles (36 %) ou aux écoles d'ingénieurs (21 %). Elles dominent en revanche massivement dans les écoles paramédicales et sociales (83 %) où leur poids s'est plutôt renforcé depuis dix ans. Lorsqu'on prend en compte une nomenclature plus fine des spécialités de formation, le caractère sexué des itinéraires apparaît de manière encore plus marquée, notamment dans l'enseignement technique. Ainsi, les filles représentent, en 1992-1993, 99 % des effectifs de sections de techniciens supérieurs en « secrétariat, dactylographie, sténographie », 90 % en « habillement, travail des étoffes », mais seulement 4 % en « couverture, plomberie, chauffage », 1 % en « chaudronnerie », et, peut-être plus significatif, car dans une formation totalement indépendante de la force physique, 4 % en électronique. D'une manière générale, les filles ne représentent que 14 % des formations du secteur secondaire [DEP, 1994].

L'origine sociale est un autre facteur qui contribue à différencier les choix disciplinaires. Les enfants de cadres supérieurs ou de professions libérales, qui représentent plus d'un tiers des effectifs universitaires, choisissent par prédilection les disciplines de la santé où ils rassemblent plus de la moitié des effectifs. Leur poids est évidemment bien plus élevé encore dans les grandes écoles : 81 % des élèves des promotions 1989-1993 de l'École polytechnique, de l'ENA, de l'École normale supérieure et d'HEC ont un père cadre supérieur ou enseignant, alors que seulement 9 % ont un père d'origine populaire [Thélot, 1995]. Les enfants d'ouvriers s'orientent plutôt vers les disciplines littéraires et, plus encore, vers les IUT et surtout les STS, qui restent pour eux la filière la plus attractive (tableau V). Dans l'enseignement non universitaire (à l'exclusion des CPGE et des STS), souvent onéreux, les catégories aisées sont dominantes, représentant près de 45 % de l'effectif.

L'origine scolaire de l'étudiant est un autre facteur décisif de l'orientation disciplinaire. Ce facteur est évidemment lié à l'origine sociale : les élèves originaires des classes supérieures sont, par exemple, nettement surreprésentés dans les classes scientifiques des lycées. Mais le parcours scolaire a probablement un effet propre

	Agriculteur	Cadre, artisan, commerce	Professions intermédiaires	Employé, ouvrier
Diplôme				
BTS	8,2	35,5	18,6	37,7
DUT	9,7	37,5	19,2	33,5
Maîtrise	6,5	53,8	17,5	22,3
DEA/DESS	5,7	58,5	17	18,8
École de commerce	3,1	80,4	9,8	6,6
École d'ingénieurs	7,2	58,7	17,8	16,3
Médecine	4,2	66,6	14,3	14,9
Spécialité				
Sciences exactes	6,4	46,9	20,6	26,1
Droit	4,3	61,6	15,5	18,6
Sciences économiques	5,9	57	17,3	19,8
AES	8,8	40,2	19,1	31,9
Lettres/ philosophie	5,2	47,5	20,4	26,9
Langues	6,5	44	18,9	30,5
Sociologie, psychologie	8,8	44,8	19,8	26,6
Total Université	6,2	52	18	23,7

Source : enquête CEREQ EVA, sortants 1988, interrogés en 1991.

important, tant les orientations sont différenciées selon le type de baccalauréat possédé. Quel que soit son milieu social, un bachelier littéraire aura de très faibles chances d'intégrer une classe préparatoire à une grande école ; à l'inverse, ses chances seront élevées s'il est titulaire d'un baccalauréat C, et plus encore avec une bonne mention. A l'autre extrémité de l'échelle de prestige, les élèves des sections de techniciens spécialisés sont en grande majorité issus des filières technologiques des lycées (tableau VII).

A l'Université elle-même, la répartition disciplinaire des étudiants est fortement déterminée par le type de baccalauréat (tableau VI). Les titulaires de baccalauréat B sont deux fois plus nombreux en droit et en sciences économiques que parmi l'ensemble des étudiants, tandis que les littéraires sont en majorité des bacheliers A et que les scientifiques et les étudiants en médecine sont presque exclusivement des bacheliers scientifiques (C ou D). On

TABLEAU VI. — ORIGINE SCOLAIRE DES NOUVEAUX INSCRITS
EN PREMIÈRE ANNÉE DE PREMIER CYCLE DES UNIVERSITÉS
PAR DISCIPLINE, EN 1992-1993 (%)

	Droit	Économie	Lettres	Sciences	Médecine	IUT	Total*
A	26	6	52	0	2	4	22
B	40	41	21	0	2	16	20
C	6	14	4	53	35	18	19
D-D'	6	12	6	38	54	23	19
E	0	0	0	4	0	10	2
Total général	78	74	83	95	94	71	83
Techno-logique	19	23	13	4	5	27	15
Autres [1]	3	3	4	1	1	2	2
Total	100	100	100	100	100	100	100

* Y compris pharmacie et STAPS.
1. Bac pro, examens spéciaux d'entrée à l'Université.

Source : DEP, tableau non publié.

TABLEAU VII. — NOUVEAUX BACHELIERS INSCRITS
DANS LES ÉTABLISSEMENTS NON UNIVERSITAIRES
DE L'ENSEIGNEMENT SUPÉRIEUR, EN 1992-1993 (%)

	STS	CPGE	Écoles d'ingénieurs	Écoles de commerce	Écoles paramédicales
A	11	10	0	9	13
B	12	8	0	40	13
C	2	67	65	19	5
D-D'	8	6	12	18	25
E	1	5	20	1	2
Total général	34	96	97	87	58
Total technique	66	4	3	13	42
Total	100	100	100	100	100

Source : DEP, *Repères et références statistiques*, édition 1994.

peut remarquer que les étudiants d'IUT présentent la plus grande diversité de profils scolaires et que les bacheliers technologiques y sont très nettement minoritaires.

La construction des choix

La grande diversité des publics et des établissements de l'enseignement supérieur se retrouve dans les aspirations elles-mêmes.

François Dubet [1994] propose d'organiser l'interprétation de cel-les-ci autour de trois notions : le projet, c'est-à-dire la finalité des études, l'intégration à la communauté universitaire et la vocation ou le sentiment d'accomplissement intellectuel dans les études. La combinaison de ces critères permet de construire des types d'étu-diants qui vont du « vrai étudiant », à la fois porté par un projet professionnel, intégré à la vie universitaire et animé par un enga-gement intellectuel, à l'étudiant de masse présentant toutes les caractéristiques inverses, avec tous les types intermédiaires.

Contrairement à ce que l'on aurait peut-être pu attendre, compte tenu des difficultés grandissantes d'insertion professionnelle et des critiques formulées à l'égard du système éducatif dans ce domaine, l'*intérêt* des études apparaît toujours comme une motivation essen-tielle du choix des étudiants des universités [Oberti, 1995]. L'importance de ce motif décroît à mesure que l'on considère les filières les plus professionnalisées, mais il reste dominant : 80 % des étudiants de sciences humaines et sociales le désignent comme la raison principale de leur choix, les trois quarts des étudiants en lettres et en langues, et respectivement 55 % et 58 % des étudiants en droit-sciences économiques et des étudiants d'IUT. Dans ces deux dernières disciplines, 35 % des étudiants indiquent les « débouchés professionnels » comme motif principal de leur choix d'études. L'importance de la motivation « intérêt des études » varie peu en fonction de l'âge, du niveau d'études, ou des ambitions sco-laires. Elle est également indépendante de l'évaluation de l'effica-cité de l'Université en matière de préparation à la vie profession-nelle. Les trois quarts des étudiants pensent que l'Université prépare mal à la vie professionnelle, mais ces derniers sont aussi nombreux que la minorité qui a le sentiment inverse, à déclarer choisir leurs études par « intérêt ».

Deux interprétations de cet ensemble d'attitudes sont possibles. Selon la première, les choix disciplinaires des étudiants seraient assez largement déconnectés d'une perspective utilitaire et profes-sionnelle. La poursuite d'études supérieures ne représente pas seu-lement un investissement éducatif ; elle est aussi une période, qui tend d'ailleurs à s'allonger, durant laquelle l'étudiant peut bénéfi-cier d'une certaine qualité de vie. Dans les termes de Louis Lévy-Garboua [1976], l'étudiant peut rechercher l'« éligibilité » sur deux marchés, le marché des élites et le marché de la qualité de la vie étudiante. Si la seconde stratégie prend plus d'importance, la fina-lisation professionnelle des études peut s'en trouver amoindrie ou reportée à un stade ultérieur. L'état d'esprit à la base de ce type d'attitudes serait le suivant : profitons le plus longtemps possible de la vie d'étudiant, il sera toujours temps d'envisager la question de l'entrée dans la vie active. On peut noter que dans l'enquête OSC 65 % des étudiants déclarent préférer « profiter de la vie d'étudiant le plus longtemps possible », plutôt que de « s'installer dans la vie dès qu'on le peut (travailler, fonder une famille) ».

Certains de ces étudiants peuvent être engagés dans une logique purement scolaire de poursuite d'études, le choix disciplinaire ne répondant véritablement ni à une finalité professionnelle, ni à la manifestation d'une « vocation », mais s'inscrivant simplement dans la logique de déroulement d'un cursus.

Une seconde interprétation serait la suivante : les étudiants font de nécessité vertu et affichent une motivation désintéressée faute d'avoir pu accéder à des filières professionnelles ou sélectives [Oberti, 1995]. De fait, en l'absence de toute contrainte [1], 57 % des étudiants inscrits en première année d'Université auraient choisi une autre filière que celle où ils ont commencé leurs études supérieures [Canceil, 1996]. Plus significatif peut-être, parce que correspondant à une démarche effective, parmi les nouveaux inscrits à l'Université en 1994, un sur trois avait rempli un dossier pour être admis dans une classe supérieure de lycée, un IUT ou une école. Une fois sur quatre, d'ailleurs, c'est l'étudiant lui-même qui renonce, par crainte de l'échec [ibid.]. Le caractère subi de l'orientation semble particulièrement marqué parmi les bacheliers B et G. Malgré ces vocations contrariées ou ces choix par défaut, 90 % des nouveaux inscrits se déclarent satisfaits de la filière dans laquelle ils se sont engagés [ibid.].

En fait, les deux hypothèses ne sont pas exclusives et les attitudes qu'elles décrivent se combinent probablement souvent dans la réalité.

Un manque d'information

Le choix des études est, dans bien des cas, faiblement motivé, ne serait-ce qu'en raison de l'absence d'informations dont déclarent souffrir beaucoup d'étudiants.

Un sondage SCP [2] de 1991 indiquait que 50 % des lycéens plaçaient les problèmes d'orientation et de sélection comme le « point le plus gênant au lycée ». Cet aspect arrivait en tête devant « les

---

1. La question était formulée de la manière suivante : « Si vous n'aviez aucun problème de niveau scolaire ou de sélection, quelle serait la filière qui vous aurait le plus tenté ? » Cette formulation donne une fourchette haute du taux d'insatisfaction puisqu'elle mesure l'écart entre les désirs et la réalité hors de toute contrainte objective.
2. Sondage SCP Communication pour le journal *Le Monde*, la MNEF et l'ONISEP, juin 1991, présenté en partie *in Dossiers et Documents* du *Monde*, « L'explosion scolaire et universitaire, n° 192, octobre 1991.

problèmes matériels » (26 %) et « la qualité des cours » (16 %) ; 63 % des étudiants interrogés par l'OSC se plaignent d'un manque d'informations lors de leur première inscription à l'Université. Les enseignants, susceptibles d'être particulièrement mobilisés, jouent un rôle assez modeste dans ce domaine, puisque seulement 36 % des étudiants interrogés disent en avoir obtenu des informations. Ce rôle apparaît surtout faible pour une institution dont la fonction essentielle est précisément d'informer les lycéens, puisque le centre d'information et d'orientation du lycée a été consulté par moins de la moitié des étudiants avant leur inscription à l'Université. Le lien entre l'insatisfaction du choix de l'étudiant et l'information dont il disposait apparaît clairement puisque les plus insatisfaits sont aussi ceux qui déclarent plus souvent ne pas avoir obtenu assez d'informations.

On mesure donc à quel point tous les acteurs et les institutions dont la fonction est de diffuser des informations en amont ne réussissent qu'imparfaitement dans cette mission. Pourtant, leur compétence ne semble pas remise en cause, puisque, selon le sondage SCP déjà cité, les élèves plaçaient au premier plan les conseillers d'orientation et les professeurs pour « l'efficacité de l'information », devant les amis et les parents. Ils donnent donc de bonnes informations, mais touchent peu d'élèves.

L'homogénéisation sociale de certains établissements des quartiers défavorisés [Henriot-Van Zanten et al., 1994] peut conduire à limiter encore plus l'« univers des possibles » des jeunes d'origine modeste, déjà moins attirés par l'enseignement supérieur.

Le rôle de la famille

La famille joue parfois un rôle important dans ce domaine, même si elle ne comble pas complètement le déficit des autres institutions. Plus de la moitié des étudiants disent ne pas avoir reçu d'informations de leurs parents ou de membres de leur famille avant leur inscription à l'Université (enquête OSC). Il est vrai que la démocratisation de l'accès à l'Université a accru la proportion d'étudiants originaires d'une famille étrangère au monde des études supérieures : parmi les étudiants interrogés par l'OSC en 1992, 55 % ont un père et 60 % une mère possédant un niveau de diplôme inférieur au baccalauréat et 58 % d'entre eux déclarent ne pas avoir reçu d'information pour s'orienter de la part de leurs parents. Le défaut d'information et de conseils familiaux est particulièrement patent parmi les étudiants dont les parents n'ont pas fréquenté l'enseignement supérieur.

D'autres éléments vont dans le même sens et indiquent le rôle joué par le milieu social dans l'orientation elle-même et la construction d'un modèle de réussite sociale par l'école. L'attitude des parents à l'égard des études le montre bien. Les étudiants déclarent plus souvent suivre les conseils de leurs parents lorsque le père est cadre et diplômé que lorsque le père est ouvrier et ne possède aucun diplôme. Les cadres diplômés, eux-mêmes passés par l'enseignement supérieur, sont à l'évidence plus en mesure d'en discuter avec leurs enfants et de les conseiller que les parents ouvriers non diplômés.

TABLEAU VIII. — ATTITUDES DES PARENTS À L'ÉGARD
DE L'INFORMATION ET DE L'ORIENTATION DE LEURS ENFANTS ÉTUDIANTS
EN FONCTION DE LA CATÉGORIE SOCIALE
ET DU NIVEAU DE DIPLÔME DU PÈRE (ENQUÊTE OSC)

	CS du père			Diplôme du père			Ensemble
	Cadres	Prof. interm.	Ouvriers	Aucun	Univ. > au bac	Grande école	
L'information Ont reçu des informations des parents	57	39,8	25,8	28	54,3	58,4	40,5
L'orientation* – ont décidé pour vous	1,0	0,7	0,3		1,4	1,6	0,6
– vous ont conseillé et vous avez suivi leurs conseils	30,5	16,7	6,3	8,8	34,0	31,4	17,9
– vous ont conseillé, mais vous n'avez pas suivi leurs conseils	8,8	7,4	5,3	4,0	9,5	10,3	7,1
– ne sont pas intervenus	58,9	74,8	88,2	86,9	53,4	56,2	73,8
– non-réponses	0,8	0,5		0,3	1,7	0,5	0,6
Total	100	100	100	100	100	100	100

* « Quelle a été l'attitude de vos parents à l'égard du choix de votre orientation universitaire ? »

Cette aide plus fréquente dont bénéficient les étudiants d'origine sociale moyenne et supérieure n'est certainement pas étrangère au fait, confirmé par l'enquête, qu'ils se sentent les plus proches de leurs parents. Cette proximité aux parents croît également avec le niveau de diplôme de ces derniers. Elle est d'autant plus marquée que la poursuite d'études introduit une plus faible distance entre le milieu social d'origine et le milieu social visé.

Pourtant, malgré ce déficit relatif de l'aide parentale, les enfants d'ouvriers ne sont pas plus nombreux que les autres à déplorer le manque d'informations pour s'orienter, soit que d'autres sources y pourvoient, soit que leur éventail de choix plus limité restreigne dès le départ leur demande en la matière.

Il est donc probable qu'une bonne partie des étudiants s'oriente aujourd'hui « au jugé » en fonction d'informations parcellaires recueillies le plus souvent, semble-t-il, auprès de leurs amis (51 % disent avoir obtenu des informations par ce canal). Ce choix assez aléatoire, qui laisse place à beaucoup d'improvisation et de tâtonnements, ne permet pas aux étudiants qui sont engagés dans des filières peu sélectives de construire rapidement un projet universitaire et professionnel précis et cohérent.

FIGURE 5. — SORTIES DE L'ENSEIGNEMENT SUPÉRIEUR
DE 1981 À 1993

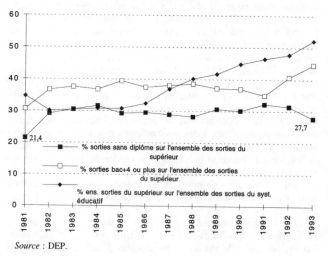

Source : DEP.

Le fort taux d'abandon avant la fin du premier cycle [3] (28 %, cf. figure 5) est un autre signe de cette relative indétermination des

---

3. Ce taux doit être considéré avec prudence. En effet, une partie des abandons comptabilisés correspond en fait à des interruptions provisoires d'études. Le nouveau dispositif des « bilans formation/emploi » mis en place actuellement par le CEREQ et la DEP devrait permettre d'évaluer plus précisément les abandons définitifs.

choix étudiants. On remarquera toutefois que le taux d'abandon n'a pas augmenté depuis dix ans, malgré la vive croissance des effectifs.

Les projets professionnels

Le flou qui entoure les choix universitaires se retrouve dans l'expression des perspectives professionnelles. Plus d'un étudiant sur deux n'a pas d'idée précise de l'emploi qu'il compte rechercher après ses études. Il est vrai que seulement 40 % déclarent vouloir chercher du travail immédiatement après avoir atteint le niveau d'études visé, tandis que 12 % pensent passer un concours administratif, qu'un quart affirment vouloir faire « autre chose » et que 22 % déclarent n'avoir encore aucune idée précise de leurs intentions (OSC).

Toutefois, la consistance du projet professionnel ne semble pas liée au degré de professionnalisation des études universitaires. Curieusement, ce serait plutôt la relation inverse qui se vérifierait : les étudiants d'IUT, par exemple, sont les plus nombreux avec les juristes et les économistes à déclarer n'avoir pas d'idée précise de leur avenir professionnel. De la même manière, les étudiants qui pensent finir leurs études supérieures le plus tôt (après un DEUG ou un DUT) sont les plus incertains. La relation entre niveau et professionnalisation des études, d'une part, définition du projet professionnel, d'autre part, est plus complexe qu'on pouvait le supposer au premier abord. Une partie des étudiants qui s'engagent dans les études apparemment les moins finalisées professionnellement ont pourtant des idées plus précises que les autres sur leur avenir professionnel. Cela s'explique en grande partie par l'attrait qu'exercent la fonction publique et le métier d'enseignant sur les étudiants littéraires : la moitié des étudiants en lettres visent ce type d'emploi. L'étudiant de masse n'est donc pas toujours un étudiant sans perspectives. Celles-ci peuvent être modestes, mais très précises.

Mais l'imprécision du projet professionnel ne doit en aucune manière être confondue avec un faible niveau d'ambition. Lorsqu'on demande aux étudiants non plus d'indiquer précisément l'emploi qu'ils visent, mais de se situer sur une échelle de catégories socio-professionnelles, la quasi-totalité se prête à ce classement, et la hiérarchie des positions visées correspond alors étroitement à la hiérarchie des ambitions scolaires : 65 % des étudiants qui comptent arrêter leurs études au niveau bac + 2 pensent occuper dans dix ans un emploi inférieur au niveau cadre, tandis que ce n'est le cas que de 32 % des étudiants qui comptent aller jusqu'à la maîtrise et de 16 % de ceux qui visent un DEA ou plus. Par rapport à la moyenne des étudiants, les ambitions professionnelles sont peu élevées en langues et en IUT, où la moitié des étudiants ne pensent pas atteindre le niveau « cadre » à l'échéance de dix ans.

TABLEAU IX. — REPRÉSENTATION DE L'EMPLOI*
EN FONCTION DE L'UFR, DU NIVEAU D'ÉTUDES ATTEINT
ET DU NIVEAU D'ÉTUDES VISÉ

	Pas d'idée ou NR	Professeurs ou cadres FP	Instituteurs	Autres [1]	Total
UFR					
Lettres	46	23	27	4	100
Langues	43	18	21	18	100
SHS	46	20	17	17	100
Droit, sciences économiques	61	8	3	28	100
Sciences	56	15	13	16	100
IUT	61	6	0	33	100
Niveau atteint					
2e année	52	15	16	17	100
4e année	52	18	6	24	100
Niveau visé					
DEUG DUT	61	5	2	32	100
Licence	40	13	38	9	100
Maîtrise	51	20	12	17	100
DEA ou +	57	16	3	24	100
Ensemble	**52**	**16**	**12**	**20**	**100**

* « Avez-vous une idée précise du type d'emploi que vous comptez rechercher ? Si oui, de quel type d'emploi s'agit-il ? »
1. Essentiellement cadres du privé, autres professions intermédiaires.

Source : enquête OSC, 1992.

Travail universitaire et conditions d'études

Entre les cours et le travail à la maison

Les étudiants passent en moyenne quatre jours à l'Université par semaine, suivent environ dix-huit heures d'enseignement et consacrent au total (cours + travail personnel) entre vingt-deux (langues) et trente-sept heures (IUT) au travail universitaire (enquête OSC, Chenu *et al.* [1993]). L'image de l'étudiant dilettante, plutôt oisif, ne semble pas correspondre à la réalité. La fréquentation de l'Université structure la semaine de la plupart des étudiants et détermine la place des autres activités, cette tendance étant plus marquée en province.

Les modes de résidence de la grande majorité des étudiants de province expliquent leur liaison plus forte à l'Université. La plupart d'entre eux quittent leur commune d'origine pour vivre durant la semaine dans la ville universitaire. Les étudiants de la région parisienne se vivent moins complètement comme étudiant du fait de la coupure plus radicale qui est instaurée avec le monde universitaire par le retour journalier chez les parents.

TABLEAU X. — LES EMPLOIS DU TEMPS UNIVERSITAIRES
EN FONCTION DE LA FORMATION (EN HEURES)
DES ÉTUDIANTS DES ALPES-MARITIMES

Discipline	Cours/TD	Bibliothèque	Autre travail univ.	Total travail personnel	Total travail universitaire
Droit	14,9	3,1	5,9	9,0	23,9
Sciences écon.	20,8	2,7	6,7	9,4	30,2
AES	15,7	2,6	5,7	8,3	24,0
Lettres	12,4	4,7	8,5	13,2	25,6
Langues	11,0	3,2	7,8	11,0	22,0
Sciences humaines	11,2	4,4	8,4	12,8	24,0
Science	19,5	3,1	12,6	15,7	35,1
IUT	28,6	1,5	6,8	8,4	36,9
Cl. prép.	34,5	2,0	8,7	10,7	45,2

Source : [Chenu et al., 1993].

De façon nette et massive, le domicile est le lieu privilégié pour le travail fourni en dehors des cours, loin devant la bibliothèque universitaire, même pour les étudiants ayant une forte sociabilité étudiante (enquête OSC). La rareté des lieux disponibles à l'Université pour étudier en dehors des cours explique largement ce recours au domicile personnel. Les locaux sont souvent surchargés et rarement disponibles. Cette absence de lieux adaptés au travail universitaire dans l'Université influe sur la sociabilité des étudiants. Ils privilégient le petit groupe et fréquentent peu la faculté en dehors des heures de cours. La bibliothèque est parfois un lieu de travail même si les places disponibles pour y travailler sont peu nombreuses par rapport au nombre d'étudiants fréquentant l'Université.

Maurice Flory [1993] qualifie les BU de zones sinistrées. Le seul exemple de la bibliothèque universitaire de Jussieu en section « lettres » suffit à donner une idée de l'inadaptation des structures : 44 places disponibles pour environ 12 000 étudiants. Les comparaisons européennes ne sont pas plus à l'avantage des universités françaises : « Un étudiant anglais ou nord-américain bénéficie d'une place pour 6 étudiants, alors que son camarade français ne dispose en moyenne que d'une place pour 35 étudiants, qu'en Allemagne les bibliothèques universitaires sont ouvertes entre 60 et 80 heures par semaine et en France 40 heures seulement, etc. » Le rapport Miquel [1989] est encore plus précis sur l'état de délabrement de cette structure universitaire.

Des difficultés dans l'organisation du travail personnel

C'est en première année que la rupture pédagogique avec le lycée est la plus brutale. Les problèmes d'adaptation au travail universitaire y sont les plus vifs, et les efforts récents de transformations pédagogiques à l'Université porte sur cette première année du DEUG qui fait l'objet d'une série d'aménagements pour familiariser les étudiants avec de nouvelles techniques de travail (tutorat, groupe d'orientation et de recherche, etc.). Les différentes évaluations menées depuis 1989 [Comité national d'évaluation, 1995] mettent en évidence des lacunes sur les points suivants : maniement des outils mathématiques et statistiques faisant appel à la formalisation, raisonnement abstrait, manque de vision d'ensemble, problème dans l'utilisation des techniques de prise de notes, d'exposé et d'utilisation de la documentation, difficulté à mettre en rapport les différentes catégories de connaissances.

Les problèmes rencontrés par un grand nombre d'étudiants de première année (plus d'un tiers des entrants abandonnent en première année, près de 30 % obtiennent le DEUG en trois ans) s'expliquent plus précisément par la difficulté du nouvel étudiant tout juste sorti de l'univers du lycée à trouver un équilibre entre le minimum de rigueur nécessaire à l'organisation de ses études et son désir intense de profiter pleinement de la souplesse de l'institution pour sortir et « s'éclater » au moment où, surtout en province, il gagne son autonomie résidentielle. Cet équilibre est d'autant plus délicat à trouver que le lycéen passe d'un type d'établissement reposant sur des obligations assez strictes, même si le rapport avec le lycée est de plus en plus distant [Dubet, 1991], à un autre, l'Université, où la réussite repose sur la responsabilité individuelle et la capacité à connaître rapidement les règles de présence et de travail personnel (construction d'un emploi du temps, gestion du temps libre, identification des tâches à accomplir). La sélection à l'Université se fait pour une large part sur ce point. Alain Coulon [1990] présente le passage du statut d'élève à celui d'étudiant comme un processus d'affiliation qui est plus qu'une simple intégration. Il s'agit d'un apprentissage de l'autonomie dans un monde nouveau dont la caractéristique essentielle est de fonctionner sur l'incertitude des règles et la quête de l'information. Cet apprentissage correspond aussi à une phase de mutation dans les processus de transmission des connaissances, dans le rapport au savoir et à la production scolaire qui explique pour une part le taux important d'abandon en premier cycle.

Comme le rappelle François Dubet [1994], « il existe aussi un véritable bonheur d'être étudiant, celui de l'autonomie. L'éloignement de la famille n'est pas nécessairement dramatique, au contraire il peut même être libérateur. Le changement des amitiés et des relations est sans doute une épreuve, mais c'est aussi une découverte. La libération des contraintes lycéennes et de l'encadrement strict éloigne du contrôle serré des enseignants et des disciplines perçues comme ingrates. Mais tous ces petits bonheurs se racontent moins que les souffrances. »

Passé l'obstacle majeur de la première année, les difficultés rencontrées par les étudiants semblent moins intenses. Ils ne disent pas rencontrer d'énormes difficultés de compréhension, de prises de notes, d'assistance aux cours, alors que près de la moitié d'entre eux rencontre des problèmes pour l'organisation du travail personnel (enquête OSC, sondage SCP, 1990). On peut certainement y voir le résultat d'un double processus de sélection/adaptation.

Les problèmes d'organisation du travail personnel touchent toutes les disciplines avec une intensité à peu près égale, sauf les IUT qui, sur tous les aspects, se distinguent des autres UFR. La double caractéristique des IUT d'opérer une sélection (d'accueillir de « bons élèves » qui savent organiser leur travail personnel) et de bénéficier d'un meilleur encadrement en est la principale explication. De façon générale, les littéraires et les linguistes rencontrent plus de difficultés, alors que les étudiants d'IUT et, de manière moins nette, les scientifiques semblent plus à l'aise. Le sentiment d'être insuffisamment « encadré » est très inégalement partagé par les étudiants des différentes disciplines. Sur ce plan, le déficit des filières de masse par rapport aux filières plus sélectives apparaît clairement.

De plus en plus d'étudiants décident d'ailleurs d'intégrer un IUT avant de poursuivre une licence ou une maîtrise (objectif de près de la moitié des étudiants d'IUT), pour contourner les premiers cycles surchargés et à faible rendement pédagogique. La faiblesse de l'encadrement pédagogique dans les universités françaises apparaît nettement dans les comparaisons internationales (10 étudiants

TABLEAU XI. — POURCENTAGE D'ÉTUDIANTS RENCONTRANT
DES DIFFICULTÉS DANS DIFFÉRENTS DOMAINES
EN FONCTION DE LA DISCIPLINE ET DE L'ANNÉE

	Compré-hension	Assis-tance aux cours	Prise de notes	Orga-nisation du travail	Rédac-tion	Manque d'enca-drement	Utili-sation BU	Exposés
Lettres	17	24	14	39	26	41	32	32
Langues	15	25	18	47	24	47	24	44
SHS	10	25	14	43	19	39	26	37
Droit écon.	18	18	15	51	19	44	30	28
Sciences	29	12	15	42	11	34	17	19
STAPS	23	15	23	57	32	23	13	40
IUT	24	19	12	30	6	12	18	20
2ᵉ année	21	19	16	51	19	39	24	30
4ᵉ année	12	22	13	33	16	37	26	31

Source : enquête OSC, 1992.

par enseignant au Royaume-Uni, 15 en Allemagne, 21 en Espagne et 25 en France [Massit-Folléa, 1992]).

Les différences d'appréciation entre les étudiants de deuxième année et ceux de maîtrise sont particulièrement nettes sur les aspects pédagogiques : sur le plan de la compréhension mais surtout de l'organisation du travail personnel, les étudiants de deuxième année (surtout en lettres) rencontrent nettement plus de difficultés que les étudiants plus avancés (tableau XI) qui ont résisté à la sélection informelle du premier cycle fondée précisément sur la capacité de l'étudiant à organiser son travail de façon autonome, à chercher l'information, à évoluer dans une institution complexe et bureau-cratique.

L'origine sociale et le niveau de diplôme du père n'influent pas de manière significative sur les difficultés exprimées par les étu-diants. Les jeunes d'origine sociale modeste, voire très défavorisée sur le plan culturel, qui accèdent à l'enseignement supérieur ont déjà franchi de nombreux obstacles. Ils se sont « adaptés » à l'école et ont dû trouver des réponses personnelles aux problèmes de l'orga-nisation du travail scolaire. De ce fait, ils n'expriment pas plus de difficultés que d'autres jeunes d'un milieu social plus favorisé.

L'insatisfaction sur les conditions d'études

Les jugements exprimés par les étudiants ne sont pas aussi sévères que ce que pouvaient laisser croire les transformations pro-fondes et la dégradation des conditions de travail qu'a connues l'Université ces dix dernières années. Ces jugements se partagent entre une moitié très critique ou assez critique et une autre moitié qui l'est beaucoup moins, voire pas du tout (enquête OSC). Pour relativiser la modération des critiques étudiantes qui ressortent de cette enquête, il faut savoir qu'elle ne concerne pas les étudiants de première année et que les universités retenues ne font pas partie des plus défavorisées. Il existe sur ce plan une grande diversité régionale.

C'est le cas, par exemple, concernant les opinions sur la disponibilité des enseignants. Les étudiants des UFR les plus chargées (lettres, langues et sciences sociales) sont plus critiques sur ce point, beaucoup plus que les étudiants d'IUT qui, dans l'ensemble, avec les scientifiques et les étudiants d'éducation physique, connaissent de meilleures conditions d'études. Ils sont aussi plus satisfaits de l'état des locaux et des effectifs. Cet aspect est fortement critiqué par les étudiants en langues, probablement à cause des insuffisances d'équipement et de capacités des laboratoires de langues. La compétence des professeurs n'est pas remise en cause, bien que sujette à des critiques plus fortes en lettres.

Les étudiants sont beaucoup plus sévères sur la possibilité d'obtenir des informations de l'administration, les trois quarts d'entre eux partageant cette critique.

Celle-ci s'exprime encore plus fortement dans une université de la région parisienne comme celle de Nanterre qui accueille le plus grand nombre d'étudiants et où la disponibilité du personnel administratif est sans doute moindre. Sur ce point également, les IUT se démarquent à nouveau des autres UFR par un taux de critique particulièrement faible.

Nombreux sont les étudiants qui critiquent la mauvaise préparation à la vie professionnelle qu'ils reçoivent à l'Université. Ce jugement exprime sans doute tout autant une inquiétude quant à l'avenir et plus particulièrement aux chances de trouver un emploi correspondant à la spécialité et au niveau de formation qu'une reprise d'un cliché sur l'inadaptation de l'Université aux besoins de l'économie. Les littéraires et les linguistes sont nettement plus critiques sur ce point que les étudiants d'IUT dont le cycle court est professionnalisé. Ce regret exprimé par les étudiants des UFR les moins professionnalisées est d'ailleurs assez ambigu puisqu'une très grande majorité d'entre eux déclare avoir choisi leur filière « par intérêt » pour les études et non en fonction des débouchés promis. Certes, cet « intérêt » peut se comprendre comme une façon de faire bonne figure devant un choix plus ou moins contraint. Il peut aussi signifier que, pour bon nombre d'étudiants, le temps de la définition d'un avenir professionnel n'est pas encore venu. Lorsque ces étudiants littéraires expriment l'opinion que l'Université ne

	Lettres-langues-SHS	IUT	2e année	4e année	Ensemble
Aspects pédagogiques et administratifs					
– Les enseignants ne consacrent pas assez de temps aux étudiants	64	32	55	58	57
– Les enseignants ne sont pas assez compétents	21	15	17	17	17
– Il est très difficile d'obtenir des infos de l'administration	85	37	92	58	75
Environnement universitaire					
– Les locaux sont inadaptés, mal entretenus	61	20	46	62	54
Le campus est trop loin du centre-ville	44	49	36	52	44
Il y a trop d'étudiants	56	28	46	61	53

les prépare pas bien à la vie professionnelle, ils ne font donc peut-être que constater une évidence dont ils avaient déjà pleinement conscience au moment de leur entrée à l'Université et qu'ils ne regrettent pas forcément à ce stade de leurs études.

A l'inverse des jugements qu'ils expriment sur leur préparation professionnelle, les littéraires sont majoritairement satisfaits de la qualité de leurs études en matière d'éveil, d'ouverture et de culture générale. Dans ce domaine, ce sont au contraire les scientifiques qui émettent des réserves. Chez les étudiants eux-mêmes, on retrouve donc cette idée d'une Université française dispensatrice d'une bonne culture générale dans les sections littéraires et en sciences sociales, mais préparant mal à la vie professionnelle et formant, d'un autre côté, des scientifiques sans culture générale.

Les étudiantes sont généralement plus sévères sur divers aspects (préparation à la vie professionnelle, administration, locaux, etc.) que leurs homologues masculins. Cette sévérité plus marquée des filles correspond en partie à un effet de filière puisque les disciplines les plus féminisées sont aussi celles où s'expriment, du fait des conditions de travail et d'encadrement qui y règnent, le plus de réserves. Ces critiques féminines sont peut-être aussi révélatrices

47

d'un niveau d'exigence plus élevé en matière de formation. Celle-ci s'avère fondamentale pour des jeunes filles qui veulent obtenir un emploi et une indépendance autrement que par le mariage. Cette différence selon le sexe se retrouve dans l'expression des difficultés d'organisation du travail universitaire. Si les étudiantes en font plus souvent état, c'est peut-être qu'elles ressentent plus vivement que les garçons le désir ou le besoin de réussir scolairement.

Insatisfaction et mobilisation étudiante

Le décalage entre le niveau d'insatisfaction relativement modéré exprimé par les étudiants dans l'enquête OSC de 1992 et la mobilisation de novembre-décembre 1995 pour l'obtention de meilleures conditions d'études et une plus juste répartition des moyens peut surprendre. Ce mouvement semblait en effet exprimer une forte sensibilité des étudiants sur ce terrain. Ils se sont comportés comme des « usagers » face à un service public qu'ils veulent efficace et dont ils attendent beaucoup pour leur insertion professionnelle. Toutefois, comme il a déjà été souligné, la variabilité des situations locales est très forte. Cette inégalité de traitement, révélée par les statistiques du ministère de l'Éducation nationale, a même été un des facteurs déclenchants du mouvement, sans compter qu'à moyens équivalents l'organisation administrative et l'accueil des étudiants peuvent fortement varier d'une université à l'autre. Ce mouvement n'a d'ailleurs jamais pris véritablement l'ampleur d'une mobilisation générale du monde étudiant sans distinctions de disciplines et d'universités. Il est plutôt apparu comme une juxtapositon de mouvements locaux comme l'ont bien montré les difficultés de fonctionnement de la coordination nationale.

La vie collective à l'Université

Pas de vie collective, mais pas d'isolement

Les étudiants ne se représentent pas l'Université comme un lieu d'intense vie collective fondée sur des relations d'entraide et de solidarité. Il ressort pourtant entre cette une certaine contradiction entre cette représentation fragmentée du monde universitaire qui apparaît, par exemple, dans les résultats de l'enquête OSC et les pratiques réelles des étudiants ou l'appréciation de leur situation personnelle. Ainsi, l'individualisme semble beaucoup moins développé dans les comportements eux-mêmes que dans l'idée que s'en font les étudiants.

Si plus de 60 % d'entre eux sont d'accord pour dire qu'à l'Université, « c'est chacun pour soi », les réponses qu'ils donnent par ailleurs sur leurs propres pratiques de travail en commun ou d'entraide ne confirment pas tout à fait ce jugement pessimiste.

Certes, c'est moins d'un tiers des étudiants qui déclarent travailler « souvent » avec d'autres, mais seulement 12 % (surtout en lettres, langues, droit et sciences économiques) qui disent ne jamais le faire, tandis que 58 % le font malgré tout occasionnellement. L'entraide entre étudiants paraît d'ailleurs plus développée que le travail en commun puisqu'un peu plus de la moitié déclare qu'il leur arrive souvent « d'aider d'autres étudiants dans leur travail » et que 44 % disent le faire « occasionnellement ». L'Université est plus souvent ressentie comme individualiste par les étudiants qui le sont eux-mêmes, mais même ceux qui déclarent aider d'autres étudiants partagent majoritairement cette opinion.

En fait, cette contradiction entre l'appréciation subjective de la cohésion du milieu et les pratiques étudiantes n'est qu'apparente car tout en étant un lieu faible sur le plan de l'engagement collectif et de la participation institutionnelle (il suffit de voir le taux d'adhésion aux syndicats étudiants), l'Université n'est pas pour autant un univers sans lien social. L'entraide étudiante s'effectue le plus souvent dans le cadre de petits groupes stables de trois à cinq personnes qui suivent les mêmes cours et se retrouvent régulièrement. On s'échange ses notes, on prépare des dossiers ensemble, on s'arrange pour les prêts de livre, etc. L'étudiant n'est donc pas complètement isolé, mais ses relations se limitent aux quelques personnes qu'il voit régulièrement puisqu'il fréquente l'Université plusieurs jours par semaine. Cet univers de sociabilité restreinte est compatible — dans la mesure même où il s'oppose à la masse des autres étudiants — avec une représentation de l'Université comme un monde « individualiste ». C'est ce qui explique aussi que, tout en affichant majoritairement cette opinion, comme celle qu'il n'y a « aucune vie collective à l'Université », les étudiants ne soient pourtant qu'une minorité à partager celle selon laquelle « on se sent isolé, perdu à l'Université ».

Il faut ajouter que si la sociabilité étudiante se construit dans le cadre de l'Université, elle se déploie principalement hors de celui-ci. Les étudiants sont donc peu impliqués dans la vie universitaire sans être pour autant désocialisés. La vie étudiante existe, mais n'a pas l'Université pour support principal.

Par ailleurs, l'adhésion à la communauté et à la solidarité étudiantes varient énormément d'un type d'étudiant à un autre. Le facteur principal de ces variations est, toutes choses égales par ailleurs, la discipline suivie par l'étudiant : les étudiants de lettres ou de langues se caractérisent par un très faible engagement dans des pratiques et une conception « communautaires » de l'Université ; c'est le cas également, à un degré moindre, des étudiants de droit et de sciences économiques, tandis qu'à l'autre extrême les étudiants d'IUT adhèrent à une conception très intégrée de la vie universitaire.

FIGURE 6. — L'INDIVIDU ET LA COLLECTIVITÉ SELON L'UFR

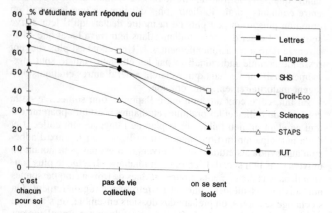

Ces aspects sont confirmés par Marie-Line Felonneau [1994] qui montre que les scientifiques évoquent plus fréquemment des lieux universitaires auxquels ils marquent ainsi un fort attachement, à l'opposé des étudiants en lettres et sciences humaines plus attirés par les espaces urbains détachés de l'Université. Support d'identification dans un cas (sciences, IUT), le campus ne constitue pas un territoire de référence dans l'autre (lettres et sciences humaines).

Les conditions matérielles et pédagogiques, l'importance des effectifs ne sont évidemment pas étrangères à ces représentations contrastées de la vie collective à l'Université selon les filières d'études. L'adhésion à des normes ou des valeurs associées à certaines disciplines peut également orienter les conceptions que se font les étudiants de la vie universitaire. Les univers disciplinaires sont également des lieux de socialisation différenciés qui forment des étudiants selon des représentations du monde qui ne sont pas équivalentes, comme l'avait déjà montré Robert Francès dans une enquête sur l'univers idéologique des étudiants [Francès, 1980]. Une de ses principales conclusions était que l'orientation idéologique des étudiants était principalement déterminée, dans toutes ses dimensions, par l'appartenance disciplinaire. On retrouve la force de cette détermination dans l'enquête de l'OSC de 1992.

L'adhésion à l'idée d'une communauté étudiante est également liée, de manière apparemment paradoxale, aux rapports que les jeunes entretiennent avec leurs parents. Les plus acquis à l'idée que les étudiants forment un groupe commun et solidaire sont en effet ceux qui se sentent le plus proches de leurs parents. La proximité avec le monde étudiant ne se traduit donc pas par une prise de distance à l'égard de l'univers familial. Au contraire, intégration universitaire et intégration familiale semblent aller de pair. Ce rapprochement peut surprendre si l'on garde en mémoire la figure de l'étudiant des années soixante dont la construction comme acteur collectif semblait manifester, au moins pour une part, une révolte contre la génération aînée. Ce conflit de génération a laissé place à une forme de coopération et d'entraide familiales pour la réussite des études. Les étudiants les mieux socialisés à l'Université sont probablement ceux dont le projet scolaire prolonge et développe un projet familial d'intégration ou d'ascension sociales par les études.

L'éloignement des étudiants avancés

Les étudiants de deuxième année ne sont pas plus critiques que ceux de quatrième année sur la disponibilité des enseignants et les effectifs, alors que le taux d'encadrement est très défavorable en début d'études universitaires. Les exigences de ces étudiants sont peut-être moins fortes que celles d'étudiants plus avancés qui, après l'anonymat et la désorganisation du premier cycle, attendent plus de leurs professeurs et souhaitent entretenir des rapports plus étroits avec eux dans le cadre de la rédaction de leur mémoire qui constitue le travail principal des étudiants de maîtrise en lettres et sciences humaines.

Les étudiants de maîtrise, habitués au fonctionnement de l'administration universitaire, ou ayant simplement déjà engrangé toutes les informations nécessaires à leur parcours universitaire, expriment nettement moins de critiques sur l'information que les étudiants de deuxième année. Dans un environnement où ils doivent aller chercher l'information, la capacité à se tenir informé est fondamentale dans la réussite universitaire.

Sur le thème de l'individu et la collectivité, les étudiants de maîtrise ne se distinguent pas des plus jeunes étudiants, ils sont même plutôt plus nombreux à critiquer l'isolement et l'individualisme à l'Université. Ils viennent moins souvent à l'Université, ils ont pris plus de distance et sont plus souvent que les autres engagés dans des activités extra-universitaires (un travail, par exemple). Le niveau de solidarité, d'entraide et de collaboration ne varie pas en fonction de l'ancienneté à l'Université. Les liens entre étudiants ne se renforcent pas avec l'allongement de l'expérience universitaire (OSC). La socialisation dans l'institution ne semble pas se traduire par une solidarité plus forte et une participation accrue à la vie collective, probablement parce que, à mesure qu'ils se rapprochent de l'entrée dans la vie active, les étudiants sont progressivement intéressés et intégrés à d'autres sphères que le milieu universitaire.

D'autres travaux [Moser et Raitu, 1994] indiquent plutôt un processus d'« estudiantisation » entre la première et la troisième année caractérisé par une fréquentation plus intense des espaces de transition universitaires (cafétéria, halls, bibliothèques) et un recentrage des réseaux amicaux au profit des liens établis sur le site universitaire. Cependant, si, comme le dit Dubet [1994], « c'est à partir de la licence que se franchit le cap à partir duquel on devient vraiment étudiant », cela est sans doute vrai sur le plan de l'acquisition d'un savoir-faire universitaire, mais beaucoup moins sur le plan du renforcement d'une vie plus strictement centrée sur l'Université.

L'insertion professionnelle des étudiants

Le niveau et les modalités de l'insertion professionnelle des étudiants peuvent s'apprécier au regard de plusieurs critères dont trois sont essentiels : la protection qu'offre le diplôme contre le chômage et la précarité de l'emploi, la catégorie socio-professionnelle à laquelle il permet d'accéder, et le salaire d'embauche. Nous les examinerons tour à tour.

L'enquête du CEREQ auprès des diplômés de l'enseignement supérieur

Les informations présentées dans cette section proviennent essentiellement de l'enquête du CEREQ sur les diplômés de l'enseignement supérieur. Celle qui a été réalisée en mars 1991 constitue la quatrième vague d'enquête auprès de cette population. Elle a concerné les diplômés en 1988 des IUT, des STS, des écoles d'ingénieurs et de commerce, les sortants d'un deuxième cycle ou d'une première année de troisième cycle (DEA, DESS) universitaires en droit, sciences économiques, lettres et sciences humaines et sciences. Les principaux résultats ont été publiés dans [Martinelli, 1994]. Nous nous appuierons également sur les bilans formation-emploi de 1993.

Les études supérieures protègent du chômage

Globalement, un diplôme universitaire constitue une bonne protection contre le chômage. Le taux de chômage, trois ans après la fin des études, des diplômés de 1988 est inférieur à 6 %, et ne

TABLEAU XIII. — INDICATEURS D'INSERTION PROFESSIONNELLE
DES DIPLÔMÉS DE L'ENSEIGNEMENT SUPÉRIEUR*

	Taux de chômage en 1991 (%)	Plus de 6 mois de chômage entre 1988 et 1991 (%)	Part des emplois de cadres en 1991 (%)	Salaire mensuel médian en 1991 (en francs)
DEA-DESS lettres, sciences hum.	7,6	16,7	59	9 500
2ᵉ cycle droit, sciences écon.	6,7	17,3	45,5	9 000
2ᵉ cycle lettres, sciences hum.	6,4	14,5	28,8	8 000
Doct. lettres, sciences hum.	6,1	11,8	74,5	11 800
DEA-DESS droit-sciences écon.	5,3	18,2	70,9	11 000
2ᵉ cycle sciences	4,3	9,1	51,1	9 300
École de commerce	4,1	9,3	77,1	12 300
BTS	4,0	9,4	4,1	7 200
DUT	3,5	9,6	6,7	7 400
Doctorat sciences	3,2	15,8	92,9	12 000
DEA-DESS sciences	2,9	8,4	84,6	12 000
École d'ingénieurs	2,0	3,8	96,4	12 600
Doctorat droit-sciences écon.	1,3	8,6	84,8	12 500

* Situation en 1991 des diplômés de 1988.

Source : enquête EVA-CEREQ.

dépasse 10 % que dans deux spécialités de formation — « communication » et « arts ».

L'intensité du chômage dépend toutefois assez fortement du niveau de diplôme et de la spécialité de formation. En 1991, les titulaires d'un diplôme de troisième cycle, d'un DUT ou d'un BTS et les diplômés d'une formation en sciences exactes connaissaient une pression du chômage moins élevée que les diplômés de lettres et de sciences humaines ou de droit et de sciences économiques.

Depuis l'enquête 1991 du CEREQ, les conditions du marché de l'emploi se sont à nouveau dégradées ; le total des recrutements des entreprises a baissé : le volume annuel des recrutements ne représentait plus que 12,9 % de l'ensemble des actifs occupés entre 1993 et 1994, contre 14,4 % entre 1991 et 1992 — et la part des jeunes venant de terminer leurs études dans ces recrutements a reculé [Balan et Minni, 1995]. L'augmentation du chômage a touché tous les niveaux de formation, y compris les diplômés du supérieur : l'indicateur de chômage (taux de chômage neuf mois après la sortie du système éducatif) qui était de 16 % en 1991 pour les sortants des niveaux I-II (supérieur à bac + 2) a atteint 23 % en 1993. Il est passé de 15 % à 27 % au niveau III (bac + 2), mais de 54 % à 72 % pour les jeunes sortant aux niveaux VI ou V *bis* (sans diplôme ni formation professionnelle) [Fournié et Grando, 1995]. L'avantage relatif des diplômés du supérieur s'est maintenu. Sur une période plus longue, cet avantage s'est même accentué (figure 7).

Une majorité d'étudiants sortis de l'Université en 1988 (54 %) accède directement à un emploi sur contrat à durée indéterminée, mais près d'un cinquième occupe toujours un emploi précaire au moment de l'enquête. La précarité est particulièrement forte pour les étudiants sortis avec une licence, et parmi ceux ayant suivi des études de lettres et de sciences humaines, dont une proportion importante (20 %) sont enseignants non titulaires.

Pas de déclassement massif des études universitaires

Sur longue période, l'évolution de la structure des emplois est favorable aux diplômés (tableau XIV). Cette tendance ne s'est pas démentie ces dernières années. Les catégories de cadres, d'ingénieurs et de salariés des professions intermédiaires ont vu, dans

FIGURE 7. — TAUX DE CHÔMAGE (BIT) DES 15-29 ANS PAR DIPLÔMES

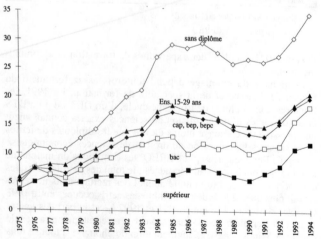

* Références : Monique MERON et Claude MINNI [1995].
Source : INSEE, enquêtes Emploi.

l'ensemble, croître de manière substantielle leurs effectifs, offrant ainsi des débouchés aux jeunes diplômés.

TABLEAU XIV. — ÉVOLUTION DE LA STRUCTURE
DE LA POPULATION ACTIVE DE 1962 À 1994

	1962	1975	1987	1994
Agriculteurs exploitants	16	8	5,5	4
Artisans, commerçants	11	8	7	8
Cadres	5	7	9	13
Prof. intermédiaires	11	16	19	21
Cadres + prof. interm.	**16**	**23**	**28**	**34**
Employés	18,5	23	27	28
Ouvriers	39	37	30,5	26

Source : INSEE, recensements et enquêtes « Emploi » pour 1987 et 1994.

90 % des diplômés du supérieur interrogés par le CEREQ en 1991 occupaient des emplois de cadres ou de salariés des professions intermédiaires (47 % chefs d'entreprise ou cadres, 43 % salariés des professions intermédiaires). Seuls 9 % de ces diplômés occupaient un emploi d'un niveau inférieur (employés ou ouvriers). On n'observe donc pas de « déclassement massif après les études universitaires » [Martinelli, 1994]. La situation la moins favorable est celle des diplômés de deuxième cycle en AES et LEA, les proportions d'employés s'élevant alors respectivement à 23 % et 37 %.

L'évolution de l'emploi [4] a été particulièrement dynamique parmi les catégories professeurs/professions scientifiques, cadres administratifs et commerciaux (+ 60 % entre 1984 et 1992 pour le personnel de moins de 35 ans), professions intermédiaires administratives et commerciales (+ 26 %) et ingénieurs/cadres techniques (+ 66 %). Les effectifs ont en revanche crû plus modérément parmi les jeunes techniciens (+ 8 %). La progression de l'emploi chez les jeunes ingénieurs a été notamment favorable aux universitaires possédant une formation scientifique, surtout à un niveau élevé.

Les diplômés universitaires sont recrutés essentiellement dans des emplois d'enseignants, de cadres de la fonction publique et des fonctions de gestion et d'administration. Les instituteurs et enseignants non titulaires représentent ainsi 23 % des emplois occupés en 1991 par les diplômés de 1988, les professeurs 10 %. Ces proportions sont respectivement de 54 % et de 21 % parmi les diplômés de lettres ! Les embauches d'universitaires sont moins nombreuses

---

4. Ces données proviennent des enquêtes Emploi de l'INSEE, retraitées par le CEREQ [Martinelli, 1994].

dans l'industrie où les titulaires de BTS/DUT et les jeunes ingénieurs représentent la plus grande part des recrutements de diplômés de l'enseignement supérieur.

L'amélioration de la qualité de l'emploi se confirme à l'issue des IUT et STS, malgré la forte croissance des BTS. Les titulaires de ces diplômes occupent plus souvent des emplois relevant des professions intermédiaires que lors des précédentes enquêtes du CEREQ (tableau XV).

TABLEAU XV. — PART DES PROFESSIONS INTERMÉDIAIRES
PARMI LES EMPLOIS OCCUPÉS PAR LES TITULAIRES
DE DUT ET DE BTS EN 1983 (PROMOTION 1980),
1987 (PROMOTION 1984) ET 1991 (PROMOTION 1988)
(en % de l'ensemble des emplois occupés)

	DUT		BTS	
	Tertiaires	*Industriels*	*Tertiaires*	*Industriels*
1983	46	86	31	84
1987	54	89	41	88
1991	61	92	49	92

Source : CEREQ-EVA. Référence : *Bref CEREQ*, n° 82, décembre 1992.

Les écarts de salaire entre les titulaires d'un DUT ou d'un BTS et les autres diplômés de l'enseignement supérieur sont importants et ne peuvent qu'inciter ces diplômés à poursuivre leurs études. C'est d'ailleurs la tendance enregistrée par les études du CEREQ : le pourcentage de titulaires d'un DUT poursuivant des études à temps plein est passé de 33 % à la suite de l'obtention du diplôme en 1984 à 45 % pour la cohorte 1988. Celui des titulaires d'un BTS passe de 20 % à 25 % d'une cohorte à l'autre.

Si on n'enregistre pas de déclassement massif de la valeur des diplômes sanctionnant des études supérieures, du point de vue des catégories socio-professionnelle auxquelles ils donnent accès, en va-t-il de même si on adopte une autre façon d'apprécier le rendement de la formation en étudiant la relation entre diplôme et salaire ? Christian Baudelot et Michel Glaude ont procédé à cet exercice, et même si leur évaluation est un peu ancienne [1989], les principaux résultats méritent d'être rappelés car la période de référence de l'étude (1970-1985) est suffisamment longue pour permettre de dégager de grandes évolutions. Le diagnostic d'ensemble sur la dépréciation des diplômes est nuancé. En effet, les diplômés universitaires maintiennent ou même améliorent leur position parmi la moitié des salariés les mieux payés. En haut du classement, leur position se dégrade en revanche nettement : 40 % des hommes titulaires d'une licence ou d'une maîtrise appartenaient aux 10 % des salariés les mieux payés en 1970, ils ne sont plus que 30 % en 1985 ; les proportions sont respectivement de 52 % et 28 % pour les femmes de même niveau. Par ailleurs, les auteurs montrent que la « rentabilité marginale de l'éducation, c'est-à-dire le bonus de salaire apporté par une année supplémentaire passée à l'école », décroît régulièrement de 1970 à 1985, les formations générales étant plus touchées que les formations professionnelles. Mais l'élévation continue du niveau de formation évite à la plupart des membres de chaque génération de connaître une perte salariale trop forte par rapport à leurs aînés. Et surtout, si l'on raisonne en rang de sortie à l'intérieur d'une génération, la baisse tendancielle du rendement de l'éducation est entièrement annulée. Le bénéfice salarial relatif, tant en niveau d'entrée qu'en évolution de carrière, d'un individu ayant accumulé un nombre donné d'années d'études ne s'est pas dévalué avec le temps.

Les stages : nouveau mode de recrutement des jeunes diplômés

Depuis la fin des années quatre-vingt, les procédures d'embauche des jeunes diplômés se sont assez profondément transformées. Les candidatures spontanées se sont multipliées et les stages se sont fortement développés au point d'apparaître de plus en plus comme une procédure de préembauche. Les bureaux ou les associations d'anciens élèves ont vu également leur rôle se renforcer. D'après une enquête de *Jeunes Diplômés*, auprès de 116 entreprises en 1993, la quasi-totalité d'entre elles (113) ont eu recours aux candidatures spontanées. L'ensemble des entreprises interrogées en a reçu plus d'un million ! A l'issue d'un premier tri, environ 10 % des candidatures sont retenues au vu du CV et de la lettre de motivation à laquelle les entreprises semblent attacher de plus en plus d'importance. Celle-ci est souvent confiée à l'analyse d'un graphologue. Ensuite les candidats sélectionnés sont le plus souvent reçus en entretien « généraliste » au siège, peuvent passer différents « tests », puis, pour ceux qui restent en course, divers entretiens sont orga-

nisés sur le lieu d'embauche éventuel avec plusieurs responsables (chef de service, responsable des ressources humaines...).

Dans cette même enquête, les stages dépassaient pour la première fois en 1993 les petites annonces, comme filière de recrutement. Le stage permet aux entreprises de tester les postulants en conditions réelles et donc de limiter au maximum les risques de l'embauche. Dans beaucoup d'entreprises, il est devenu une véritable période d'essai. Si le stagiaire doit effectuer son service militaire, l'entreprise peut même lui proposer un poste de VSNE (volontaire pour le service national en entreprise).

Les associations d'anciens élèves constituent également une filière de recrutement en expansion. Dans l'enquête *Jeunes Diplômés*, elle apparaît immédiatement après les petites annonces (60 citations contre 95). Au niveau bac + 2 ou bac + 3, les contacts avec les écoles constituent une filière de recrutement très utilisée (96 % des entreprises).

III / Les conditions de vie

Les étudiants occupent fréquemment des situations de transition : entre le domicile des parents et un logement indépendant, entre l'autonomie financière et la dépendance économique à l'égard de la famille, entre les études et le travail. La diversification des publics accédant à l'Université a d'ailleurs probablement contribué à accentuer cette caractéristique : aux enfants de la bourgeoisie qui poursuivaient des études supérieures tout en restant sous l'étroite dépendance de la famille a succédé un type d'étudiant qui entretient des rapports plus ambigus avec l'univers familial : toujours, et peut-être même de plus en plus aidé par les parents, mais s'étant affranchi du contrôle familial sur sa vie quotidienne.

Être ou ne pas être chez ses parents

Un des facteurs décisifs du type de relations qu'entretient l'étudiant avec sa famille est évidemment lié à la proximité physique et à la fréquence des rencontres. Sur ce plan, les situations sont contrastées, puisqu'une partie encore importante des étudiants vit au domicile des parents, tandis que d'autres ont un logement propre. Mais entre la cohabitation proprement dite et l'indépendance pure et simple, il existe toute une gamme de situations intermédiaires.

Le maintien d'une forte dépendance à l'égard des parents

Une majorité d'étudiants vit durant la semaine dans un logement différent de celui des parents. Les enquêtes menées au début des années quatre-vingt auprès des étudiants situent le pourcentage d'étudiants résidant chez leurs parents dans une fourchette comprise entre 36 % (CREDOC, OSC) et 40 % (OVE).

TABLEAU XVI. — LES MODES DE RÉSIDENCE
DES ÉTUDIANTS SELON TROIS ENQUÊTES

	CREDOC 1992	OSC 1992	OVE 1994
Domicile des parents	36	37	41
Cité universitaire	13	11	10
Logement individuel	51	52	49
Total	100	100	100

La proportion d'étudiants vivant chez leurs parents est beaucoup
plus élevée à Paris (63 % selon le CREDOC) qu'en province
(33 %). Une des premières raisons de l'occupation moins fréquente
d'un logement individuel par les étudiants parisiens est le coût plus
élevé des logements : les étudiants provinciaux célibataires vivant
dans un logement individuel ont des frais de logement de l'ordre
de 1 500 francs mensuels contre 2 400 francs environ pour les Parisiens [CREDOC]. En outre, l'aire de recrutement des grandes villes
de province est régionale et la distance entre leur commune d'origine et la ville universitaire contraint de nombreux étudiants à prendre un logement sur place : 32 % des étudiants des moyennes ou
grandes villes de province ont des parents qui résident à plus de
100 kilomètres de la ville universitaire [OVE, 1995].

Trois enquêtes sur les conditions de vie des étudiants

Le CREDOC a réalisé en 1992, à la
demande de l'Observatoire de la vie étudiante, une enquête par questionnaire sur
le budget étudiant. L'échantillon de
2 000 étudiants est représentatif de la
population des étudiants français inscrits
dans les universités et les IUT (à l'exclusion des sections de techniciens supérieurs, des classes préparatoires aux
grandes écoles et des grandes écoles).
Cette enquête fondée sur une nomenclature fine des différents postes de ressources et de dépenses est très précieuse
pour évaluer précisément les conditions
de vie des étudiants et leurs variations en
fonction des caractéristiques de la population.

L'Observatoire de la vie étudiante a
lui-même lancé sa propre enquête au
printemps 1994 dont l'objectif est plus

large que l'enquête du CREDOC et
l'échantillon beaucoup plus important
(277 100 réponses exploitables, y
compris les sections de techniciens supérieurs et les classes supérieures des
lycées). L'enquête de l'OVE ne porte pas
sur les seules questions budgétaires, mais
sur l'ensemble des conditions d'études et
des conditions de vie des étudiants. Seuls
des résultats partiels ont été publiés
jusqu'à présent.

L'Observatoire sociologique du changement (Fondation nationale des
sciences politiques) a réalisé en 1992 une
enquête auprès d'un échantillon représentatif de 2 000 étudiants inscrits en
deuxième et quatrième année en Université ou en IUT à Rennes, Besançon et
Nanterre. Cet échantillon local n'est pas
statistiquement représentatif de la popu-

lation nationale des étudiants, mais la structure de la population enquêtée ne comprend pas de déformation majeure par rapport à la structure de la population étudiante nationale. Le champ d'investigation est plus large que celui des deux autres enquêtes. Outre les conditions de vie, il comprend le rapport aux études, les rapports familiaux, les loisirs et la sociabilité et les attitudes sociales et politiques. Les résultats ont été publiés dans [Galland (dir.), 1995].

Nous faisons référence dans le texte aux résultats de ces trois enquêtes sous la forme suivante : [CREDOC] pour l'enquête du CREDOC, [OVE] pour l'enquête de l'Observatoire de la vie étudiante, [OSC] pour l'enquête de l'Observatoire sociologique du changement.

Mais ces chiffres globaux masquent l'ambiguïté de la définition du logement étudiant. En effet, en cette matière, la frontière entre la dépendance et l'indépendance est floue. Les modes de vie des étudiants, et notamment leurs habitudes en matière de logement, sont particulièrement symptomatiques de la continuité plus marquée des itinéraires par rapport à un modèle antérieur où la succession des états se faisait de manière plus tranchée. Le fait de vivre dans un logement différent de celui des parents recouvre ainsi des situations très diverses qui vont d'une véritable indépendance résidentielle à une semi-autonomie. Une partie des étudiants vit dans un logement, certes différent de celui des parents, mais payé par ces derniers, ce comportement étant très répandu en province. L'enquête de l'OSC évalue à près d'un tiers les étudiants de Rennes et de Besançon qui sont dans ce cas. En outre, une proportion très importante d'étudiants, tout en habitant dans une ville différente (généralement la ville universitaire) du lieu de résidence des parents, continue d'être attaché à ce dernier, cet attachement se manifestant par exemple par un retour périodique au domicile familial, par le maintien de certaines consommations ou de l'usage de certains services au lieu de résidence des parents. Une forte majorité d'étudiants passe au moins une nuit chez les parents le week-end, et c'est même plus d'un étudiant sur deux qui passe au moins une nuit au domicile familial durant la semaine. Seulement un quart des étudiants ne passe aucune nuit de la semaine ou du week-end chez leurs parents.

Plus de la moitié des étudiants qui vivent à Rennes et Besançon n'y ont pas transféré leur domiciliation bancaire et les trois quarts d'entre eux continuent de se rendre dans leur commune d'origine pour les démarches administratives. Bien entendu, les habitudes en matière de linge confirment le maintien d'un fort attachement à la famille d'origine : 62 % des étudiants rennais et 71 % des étudiants bisontins déclarent que leur linge est lavé chez leurs parents. La délocalisation des étudiants provinciaux n'est donc que partielle, et peut-être transitoire. Elle n'est pas, le plus souvent, significative d'une véritable indépendance à l'égard des parents. Celle-ci ne prend une véritable ampleur qu'après 24 ans.

Pas de difficultés massives pour trouver un logement

Dans l'ensemble, les étudiants ne rencontrent pas de grandes difficultés pour trouver un logement (seulement 6 % disent avoir éprouvé des difficultés [OVE, 1995]) et se déclarent (à 82 % dans l'enquête OSC) satisfaits de celui-ci. Les étudiants se plaignent plus souvent du prix trop élevé des logements par rapport à leurs revenus (62 % dans l'enquête OSC).

La moitié des étudiants qui ne vivent pas chez leurs parents disposent d'un logement d'une pièce (en plus de la cuisine et de la salle de bains), un quart de deux pièces, et un quart de trois pièces ou plus [OVE]. La majorité de ces logements sont équipés des éléments de confort essentiels (baignoire ou douche, WC, réfrigérateur, télévision) [enquêtes OSC, CREDOC]. Ils sont plus souvent situés au centre-ville qu'en périphérie (60 % contre 37 %). Une enquête portant sur les ménages — excluant donc les étudiants vivant chez leurs parents comme ceux vivant à l'extérieur mais rattachés au ménage de ces derniers — montre toutefois que, relativement aux actifs occupés du même âge, les étudiants occupent plus souvent des logements petits, inconfortables et chers. Le surcoût du logement étudiant tient essentiellement au fait qu'ils vivent dans de petits appartements situés au centre-ville où les loyers sont plus élevés. A localisation et taille de logement équivalentes, les étudiants paient un prix de location au mètre carré comparable à celui du reste de la population [Clanché, 1995]. La comparaison avec les actifs occupés ne doit par ailleurs pas être prise au pied de la lettre, les étudiants étant par définition dans une situation transitoire peu compatible avec l'accès à un niveau élevé de confort de logement.

Les étudiants qui vivent en résidence universitaire sont beaucoup plus nombreux en province (18 %, CREDOC). Il s'agit très souvent d'étudiants d'origine populaire et de boursiers. Mais, depuis 1990, le pourcentage d'étudiants vivant dans ce type de résidence a baissé de 11 % ou 12 % à 9 % voire 7 % en région parisienne en 1994 [Rassat, 1995]. Cette évolution serait due à la croissance rapide du nombre d'étudiants accédant à des logements en PLA (prêt locatif aidé). Plus de 30 000 logements de ce type ont été construits entre 1992 et 1994, représentant plus de 10 % de la production annuelle de logements neufs. Les bailleurs tant publics que privés semblent de plus en plus attirés par la clientèle étudiante qui bénéficie, depuis l'extension de l'allocation de logement sociale, d'aides personnelles dans des conditions optimales (cf. *infra*, section sur les ressources des étudiants).

Des étudiants plus indépendants qu'autrefois

Si l'on compare, avec toute la prudence qui s'impose étant donné les différences de méthode, les résultats des enquêtes de 1990 à ceux d'enquêtes antérieures (notamment l'enquête de la MNEF de 1963-1964), on constate une forte progression de l'indépendance résidentielle des étudiants, notamment des filles et des provinciaux. Alors qu'une étudiante de province sur deux vivait dans une situation de « dépendance résidentielle » (chez les parents ou un membre de la famille ou en internat) en 1963-1964 [MNEF, 1964], ce n'est plus le cas que d'une étudiante de province sur cinq en 1992. En revanche, la structure résidentielle des étudiants de la région parisienne semble s'être peu modifiée.

Les rapports familiaux

Les étudiants demeurent, sur le plan matériel, très dépendants de leurs parents. Cette dépendance objective s'accompagne-t-elle d'un fort sentiment de proximité, ou bien au contraire les étudiants profitent-ils de l'aide de leurs parents tout en maintenant une distance à leur égard, ou même en s'éloignant de leurs opinions et de leurs valeurs ?

Un mode de vie différent de celui des parents, mais des valeurs communes

Sur le plan des relations et des valeurs auxquelles ils adhèrent, les étudiants ne se sentent pas, en règle générale, éloignés de leur univers familial. Ils disent parler avec leurs parents (sauf de leur vie sentimentale, et plus souvent avec leur mère qu'avec leur père) et sur la plupart des domaines, une nette majorité (entre 75 % et 60 %) déclare partager les mêmes idées que ces derniers [OSC]. Par ailleurs, respectivement 46 % et 56 % des étudiants déclarent s'entendre « très bien » avec leur père et leur mère (et 41 % et 38 % « bien mais avec parfois des tensions »). Les étudiants marquent une distance à l'égard de leur univers familial dans un seul domaine, le genre de vie qu'ils prévoient d'adopter dans l'avenir. Ainsi, près des trois quarts d'entre eux pensent que, dans vingt ans, leur genre de vie, dans le domaine professionnel, sera différent de celui de leurs parents. Il en est de même dans le domaine des loisirs (75 %)

et, moins fortement, en ce qui concerne le « niveau de revenu » (56 %) et la « vie familiale » (44 %) ou le « logement » (41 %). Dans le même ordre d'idée, la moitié des étudiants pense atteindre, dans l'avenir, un niveau de réussite sociale plutôt supérieur à celui de la famille d'origine. Le fait de poursuivre des études supérieures conduit à anticiper un mode de vie qui peut se révéler éloigné de celui adopté par les parents. Mais la distance ainsi créée en termes de statut social ou de mode de vie ne se traduit pas par un éloignement subjectif massif à l'égard de la génération aînée. Les anticipations de mobilité sociale n'ont aucun effet propre significatif sur le fait de choisir, parmi une liste d'items proposés aux étudiants, les parents comme vecteurs d'identification, ni sur l'intensité des discussions avec eux.

Il semble même que ce soit plus le « statut de départ » que le « statut d'arrivée » qui renforce, chez les étudiants, le sentiment d'une distance ou d'une proximité avec le genre de vie des parents : qu'ils envisagent ou non d'accéder dans l'avenir à un statut de cadre, les étudiants qui n'appartiennent pas à ce milieu prévoient plus souvent, toutes choses égales par ailleurs, d'adopter un mode de vie différent de celui de leurs parents. Malgré tout, la plus grande proximité familiale se trouve chez ceux dont le statut d'origine et le statut anticipé correspondent tous deux à celui auquel est censée préparer l'Université, c'est-à-dire le statut de cadre. C'est dans ce cas où le statut familial, le statut visé par l'étudiant et le statut proposé par l'Université, coïncident que la proximité aux parents est la plus grande, que celle-ci soit mesurée par les anticipations en matière de mode de vie, par le partage d'idées ou de valeurs communes ou encore par le sentiment d'une très bonne entente avec les parents. Les étudiants dont les parents ne sont pas cadres supérieurs se sentent plus distants de ces derniers, sur le plan du genre de vie, sur celui des idées et des valeurs, mais pas, il faut le noter, d'un point de vue relationnel. La distance ainsi créée par la poursuite d'études supérieures avec le milieu social d'origine ne semble pas se traduire par une tension intergénérationnelle. On en prend acte sans que cela retentisse sur la bonne entente familiale.

De grands enfants ou de jeunes adultes ?

La proximité aux parents dépend d'autres variables que les anticipations de mobilité sociale, notamment du mode de résidence et du sexe. Une fois contrôlé l'effet de toutes les autres variables, les garçons se sentent plus distants de leurs parents, mais, peut-être de ce fait, s'entendent mieux avec eux que les filles. Par ailleurs, les étudiants qui résident dans un logement dépendant directement ou indirectement des parents se sentent nettement plus proches de ces derniers que les étudiants qui occupent d'autres types de logement. La dépendance objective a donc plutôt tendance à renforcer la dépendance subjective ou l'identification aux parents, mais la relation entre ces variables peut également être inverse : les étudiants psychologiquement les plus dépendants de leurs parents sont probablement ceux qui hésiteront le plus ou qui n'envisageront même pas de quitter le domicile familial pendant leurs études. Le fait de vivre en cité universitaire semble constituer par ailleurs une très forte incitation à anticiper un genre de vie différent de celui des parents (sans que l'on trouve la même distance dans le domaine des idées ou des relations partagées avec les parents). La rupture assez radicale que peut représenter le choix de ce mode de résidence et l'intégration à la communauté universitaire qu'elle symbolise constituent peut-être l'explication de ce fort sentiment de distance à l'égard du mode de vie des parents.

55 % des étudiants déclarent spontanément « se sentir adultes » [OSC]. Mais cette déclaration est ambiguë, puisque, parmi ceux qui font ce choix, 61 % déclarent en même temps vouloir « profiter de la vie d'étudiant le plus longtemps possible » (contre 39 % qui veulent s'installer dans la vie dès qu'ils le peuvent). Bon nombre d'étudiants se déclarent donc adultes sans que leur situation ni leur stratégie correspondent pour autant aux critères qui définissent habituellement cet état. D'ailleurs, parmi les étudiants « adultes », on compte une majorité qui dépend résidentiellement des parents.

En fait, plusieurs facteurs, certains objectifs, d'autres plus subjectifs, président simultanément mais indépendamment à l'émergence du sentiment d'être adulte et c'est probablement ce jeu simultané de facteurs qui explique l'ambiguïté des déclarations étudiantes. La dépendance financière à l'égard des parents est l'un des plus fortement significatifs et cela correspond d'ailleurs au sentiment des étudiants eux-mêmes qui choisissent le critère de l'indépendance financière comme le plus important pour définir l'âge adulte (48 %).

Indépendamment de tous les autres facteurs objectifs, l'âge exerce également une forte influence sur l'accès à l'identité adulte : quelle que soit leur situation matérielle, les étudiants les plus âgés se sentent plus engagés dans la maturité que les plus jeunes. Toutes choses égales par ailleurs, l'étudiant de moins de 21 ans a deux fois plus de chances de faire partie de ceux qui ne se sentent pas « adultes » que l'étudiant de plus de 24 ans. Une fois contrôlés l'âge et la dépendance financière à l'égard des parents, d'autres variables de situation n'exercent plus aucune influence propre : à âge et niveau de revenu donnés, le type de logement, l'engagement professionnel ou l'origine sociale n'ont aucun effet sur le sentiment d'être ou de ne pas être adulte.

En revanche, certaines variables qui traduisent l'attachement ou l'intégration au monde des jeunes et à celui de l'Université jouent de manière significative quels que soient l'âge ou le niveau d'indépendance des étudiants à l'égard de leurs parents. C'est donc la distance à trois univers — celui de la famille, celui de l'Université et, enfin, celui des jeunes — qui contribue à construire et à renforcer le sentiment d'être un adulte. Mais chacune de ces influences joue indépendamment des autres, ce qui traduit la progressivité et explique l'ambiguïté de l'accès au statut adulte. La variable d'éloignement à l'égard de la famille, notamment, n'épuise pas l'effet des variables qui expriment la distance au monde des jeunes et des étudiants. Autrement dit, on peut aujourd'hui avoir déjà pris ses distances avec l'univers familial sans pour autant avoir renoncé aux privilèges de la jeunesse dont le statut étudiant permet de prolonger la jouissance.

Le travail et les revenus

La représentation d'un étudiant dilettante peu préoccupé par ses études et ne tirant ses ressources que de la libéralité parentale est à ranger au rang des images d'Épinal. Non que l'aide familiale ait disparu, au contraire, mais la plupart des étudiants complètent cet apport principal à leur budget par d'autres ressources : travail plus ou moins régulier, bourses, aides au logement.

Une généralisation du travail étudiant

La plupart des étudiants travaillent ou ont travaillé. D'après l'enquête OSC, seulement 14 % n'avaient exercé, en 1991-1992, aucune activité, que ce soit durant l'année ou durant les vacances d'été. Mais, à l'instar des modes de logement, les pratiques professionnelles des étudiants sont très variées et s'étagent sur un continuum allant d'un engagement régulier dans une activité à des formes de travail très occasionnelles.

Entre un quart [OSC] et un cinquième [CREDOC] des étudiants travaillent régulièrement durant l'année universitaire. La régularité du travail est principalement associée aux variables concernant le cycle de vie et la structure des ressources. Les étudiants de 25 ans et plus ont ainsi plus de deux fois plus de chances que les étudiants de moins de 24 ans d'exercer une activité professionnelle régulière. Les étudiants vivant dans un logement indépendant sont, « toutes choses égales par ailleurs », beaucoup plus souvent des actifs réguliers que la moyenne des étudiants.

Il y a, par ailleurs, un effet logique de substitution entre les différents types de ressources : les étudiants qui ne bénéficient ni d'aide publique ni d'aide familiale ont beaucoup plus de chances de travailler régulièrement que les étudiants qui sont dans la situation inverse.

Les caractéristiques des étudiants qui ont la plus forte probabilité de faire des jobs d'été sont presque systématiquement opposées à celles des étudiants actifs réguliers : les étudiants les plus jeunes, les provinciaux, ceux qui vivent dans un logement payé par leurs parents, qui bénéficient de bourses ou de l'aide des parents ont ainsi des chances plus élevées que la moyenne des étudiants d'avoir exercé une activité de travail durant l'été. Le job d'été est donc surtout une activité d'appoint qui vient compléter d'autres ressources.

TABLEAU XVII. — LA RÉGULARITÉ DU TRAVAIL ÉTUDIANT
EN FONCTION DU MODE DE RÉSIDENCE

	Jobs d'été	Travail régulier au moins égal au mi-temps	Travail régulier inférieur au mi-temps	Travail irrégulier	Aucune activité	Total
Chez les parents	38	11	20	20	11	100
Dans un logement payé par les parents	57	3	12	12	16	100
Dans un logement indépendant	42	20	9	13	16	100
Total	45	12	14	15	14	100

Source : [OSC, 1992].

Les étudiants n'exerçant aucune activité, que ce soit durant l'année ou durant l'été, sont peu nombreux. Cette absence totale d'activité de travail est plus probable, une fois contrôlées les autres caractéristiques, parmi les résidents des cités universitaires, les enfants de cadres supérieurs, parmi les provinciaux et ceux qui bénéficient d'une aide des parents. On pourra remarquer que, en dehors de ce dernier cas, l'origine sociale n'a aucun effet propre significatif sur le travail étudiant. Certes, certaines des variables explicatives sont elles-mêmes liées à l'origine sociale, comme le type de résidence, mais une fois qu'on les a contrôlées, l'effet « culturel » spécifique du milieu d'origine n'apparaît plus. L'influence de ce dernier est médiatisée par d'autres variables mais ne s'exerce pas en lui-même.

Quant au sexe, s'il a un effet sur la pratique des jobs d'été, il n'en exerce aucune sur le travail régulier durant l'année.

Sur l'ensemble des emplois occupés par les étudiants pendant l'année ou pendant l'été, les postes d'employés sont les plus fréquents (43 %), puis les emplois relevant des professions intermédiaires (23 %) parmi lesquels les emplois de surveillants occupent une place importante (9 %). Viennent ensuite d'autres emplois spécifiquement étudiants (cours particuliers, baby-sitting, enquêtes) qui regroupent 16 % de l'ensemble des derniers emplois occupés par les étudiants interrogés dans l'enquête OSC en 1992. Enfin, près de 12 % des emplois tenus par des étudiants sont des emplois ouvriers.

La régularité du travail étudiant est fortement associée à la nature de l'emploi occupé. Par exemple, la quasi-totalité des emplois ouvriers tenus par les étudiants et la grande majorité des postes d'employés sont des jobs d'été, tandis que les cours particuliers ou le baby-sitting sont plus souvent exercés durant l'année mais à temps partiel (le plus souvent inférieur au mi-temps) ou de manière irrégulière. Les emplois les plus réguliers sont ceux de surveillants. Logiquement, plus l'emploi de l'étudiant se rapproche de l'emploi classique, plus il a de chances d'être un emploi d'été. Dans le cas contraire, son occupation régulière se révélerait rapidement incompatible avec le suivi de l'année universitaire.

La comparaison prudente que l'on peut mener avec des enquêtes antérieures (celles de la MNEF réalisée en 1963-1964, celle du CREDOC réalisée en 1973-1974) montre que les pratiques de travail des étudiants se sont diffusées, notamment parmi les étudiants issus des classes supérieures : 26 % des étudiants d'origine « cadre » travaillaient durant l'année en 1963-1964, contre près de 47 % en 1992. Le pourcentage d'étudiants d'origine « ouvrière » qui travaillent durant l'année semble en revanche être resté stable.

L'étudiant d'origine « cadre » n'est plus seulement un « héritier » totalement à la charge de sa famille ; le désir grandissant d'autonomie le pousse probablement aujourd'hui à rechercher des ressources complémentaires à l'aide des parents.

Des ressources diversifiées

L'aide des parents constitue la première source de revenus des étudiants. Celle-ci contribue pour près de la moitié à leurs ressources mensuelles directes. Les deux autres sources de revenus les plus importantes sont le travail et les bourses qui contribuent respectivement pour 26 % et 13 % à l'ensemble des ressources. Selon le CREDOC, les ressources directes de l'étudiant représentent un montant mensuel moyen de 3 367 francs. Ce chiffre n'indique pas le véritable train de vie des étudiants qui disposent également d'aides indirectes des parents (cf. encadré).

	Montant (en francs 1992)	Structure (en %)
Aides des parents et autres membres famille	1 502	44,6
Revenus du travail	980	29,1
Bourses, allocations d'étude	341	10,1
Prestations logement et familiales	92	2,7
Prêts bancaires	96	2,9
Recours aux économies	232	6,9
Autres ressources	124	3,7
Ensemble des ressources	**3 367**	**100,0**

Source : [CREDOC, 1992].

Toutefois, pour permettre une comparaison avec des enquêtes précédentes, il est préférable de ne considérer que ces ressources « directes ». Celles-ci semblent avoir sensiblement augmenté depuis une vingtaine d'années. En francs constants, elles seraient passées de 2 117 francs en 1973-1974 [CREDOC, 1974] à 3 108 francs en 1992 (étudiants célibataires du premier et du deuxième cycle hors IUT). Selon le CREDOC, cette augmentation du niveau de vie des étudiants résulte essentiellement d'un accroissement de l'aide parentale.

Si la part du travail s'est réduite dans la structure du budget étudiant, ce n'est pas que les étudiants travaillent moins, c'est que leurs ressources et leurs dépenses se sont diversifiées et monétarisées. Les étudiants qui vivent beaucoup plus fréquemment qu'autrefois dans un logement différent de celui de leurs parents reçoivent plus souvent, du fait de cette indépendance résidentielle, une aide monétaire directe ou indirecte de leur famille. L'accroissement de l'aide des parents est donc en partie fictif, puisqu'il vient compenser ce qui s'effectuait autrefois, dans une proportion plus importante, sous la forme d'une aide en nature qui n'est pas prise en compte dans les enquêtes (hébergement et entretien de l'étudiant vivant dans sa famille).

Près d'un quart des étudiants (23 % [CREDOC], 22 % [OSC]) déclarent recevoir une bourse ou une allocation d'études, le plus souvent (dans 90 % des cas) sur critères sociaux. Celles-ci constituent la troisième source de revenu étudiant (après l'aide des parents

	Part dans le total des ressources directes en 1978-1979 (%)	Part dans le total des ressources directes en 1992 (%)
Aides des parents et autres membres famille	28	48
Revenus du travail	51	26
Bourses, allocations d'étude, prestations logement et familiales	20	13
Prêts bancaires	0	3
Recours aux économies	non ventilé	7
Autres ressources	1	3
Ensemble	**100**	**100**

Sources : pour 1978-1979 : « Enquête sur les ressources et les dépenses des étudiants en 1978-1979 », MEN-Gournay-IREDU (comprend les STS) ; pour 1992 : CREDOC (ne comprend pas les STS).
Référence : HATCHUEL [1992].

Mesurer le budget étudiant

Les ressources des étudiants sont multiples, variables et difficiles à saisir. La variabilité tient à la fois à leur origine très diverse (parents, travail, bourses, allocation logement, etc.), et à leur caractère irrégulier (notamment en ce qui concerne le travail et l'aide des parents). Par ailleurs, certaines ressources peuvent ne pas apparaître directement dans les flux monétaires dont dispose l'étudiant, car elles correspondent à des dépenses payées par un tiers pour lui, le cas le plus fréquent étant le paiement du loyer par les parents.

Pour réduire ces différents facteurs d'incertitude, l'enquête du CREDOC [1992] a retenu plusieurs principes méthodologiques. L'ensemble des ressources (ou dépenses) annuelles de l'étudiant, courantes ou exceptionnelles, a été pris en compte et ramené à une moyenne mensuelle. Parmi les ressources dont dispose l'étudiant, l'enquête a distingué les

« ressources directes » reçues par l'étudiant, et les « ressources affectées », correspondant à une dépense payée par un tiers. N'ont cependant été prises en compte que les ressources-dépenses donnant lieu à un flux monétaire. Les aides en nature, qui peuvent être importantes pour les étudiants hébergés et nourris par leurs parents, ne sont donc pas comptabilisées.

A sa parution, l'enquête du CREDOC a donné lieu à une polémique car, ayant été construite sur les principes rappelés plus haut, elle livrait un budget moyen de l'étudiant sensiblement plus élevé que celui auquel on faisait couramment référence jusqu'alors (ressources mensuelles de 4 980 francs pour l'étudiant célibataire, montant qui comprend les ressources directes et affectées). L'évaluation du budget étudiant est un enjeu politique sensible notamment pour les syndicats étudiants dans la négociation sur le montant des bourses. Toutefois, si l'on s'en tient aux seuls enjeux de recherche ou de connaissance, les critiques formulées à l'égard du CREDOC sont mal fondées. La méthode qu'il a employée est rigoureuse, mais la lecture des résultats doit tenir compte des hypothèses retenues. Par ailleurs, le CREDOC ne s'est pas contenté de calculer un revenu et des dépenses moyennes. Il étudie en détail la variation du budget étudiant en fonction d'un ensemble de critères (le cycle, l'activité, le type de logement, la PCS du père, etc.).

et le travail). Le montant mensuel moyen des bourses est de 1 460 francs. Les étudiants boursiers disposent d'un budget global légèrement inférieur à celui des autres étudiants du fait d'une aide familiale plus faible et de l'exercice moins fréquent d'une activité professionnelle. Mais leurs dépenses sont également moins élevées que les étudiants non boursiers qui ne vivent pas chez leurs parents, car ils sont souvent logés en cité universitaire (36 % contre 8 % des étudiants non boursiers).

TABLEAU XX. — LES DÉPENSES MENSUELLES
DES ÉTUDIANTS CÉLIBATAIRES EN 1992
(Y COMPRIS DÉPENSES PAYÉES PAR UN TIERS)*

	Montant (francs)	Structure (en %)
Logement	858	16,0
Transports	845	15,7
Vacances (y. c. week-ends)	311	5,8
Études	396	7,4
Loisirs	809	15,1
Équipement	217	4,0
Alimentation	597	11,1
Café, tabac	308	5,7
Habillement	349	6,5
Santé	249	4,6
Divers	437	8,1
Ensemble des dépenses	*5 376*	*100,0*

* Le tableau XVIII ne comprend que les ressources directement perçues par l'étudiant. Les dépenses recensées ci-dessus comprennent aussi bien les dépenses effectuées par l'étudiant lui-même que celles effectuées pour lui par un tiers. Cela explique principalement la différence entre les deux montants.

Source : [CREDOC].

Les étudiants boursiers sont donc moins aidés par leurs parents que les autres étudiants, mais ce désavantage relatif n'est pas comblé par un engagement plus important dans l'exercice d'une activité professionnelle, théoriquement incompatible avec l'octroi d'une bourse. Cette dernière compense toutefois partiellement le double déficit de revenus en provenance de la famille et du travail. Une conséquence non négligeable du faible engagement professionnel de ces étudiants boursiers d'un milieu social souvent modeste est qu'ils peuvent se consacrer plus entièrement à leurs études.

Les deux premiers postes de dépenses (logement et transports) auxquels on peut évidemment ajouter le poste « études » sont directement liés à l'activité universitaire. A eux seuls, ces trois postes représentent 39 % des dépenses mensuelles. Il n'est donc pas étonnant qu'une majorité d'étudiants (55 %) déclarent avoir principalement utilisé l'argent de leur dernier travail aux dépenses courantes de l'année universitaire (plutôt qu'à un voyage, une grosse dépense, un remboursement ou des économies) [OSC]. La croissance du budget étudiant s'explique sans doute à la fois par une autonomie résidentielle plus fréquente qui contribue à augmenter notamment les dépenses de logement, et par une augmentation des dépenses de loisirs, liée à l'évolution générale des modes de vie juvéniles.

De forts écarts budgétaires entre étudiants

La structure du budget étudiant varie évidemment fortement en fonction du mode de résidence. Les étudiants qui vivent chez leurs parents disposent de ressources mensuelles moyennes (3 800 francs) nettement plus faibles que les autres, mais du fait de l'absence de dépenses de logement, ils peuvent consacrer une partie importante de leur budget (20 %) aux loisirs. Les étudiants qui vivent en location ont un budget moyen très élevé (6 400 francs). Ils bénéficient à la fois de ressources importantes en provenance de leurs parents et de revenus professionnels supérieurs à la moyenne qui leur permettent de financer un poste « logement » très élevé (1 670 francs par mois en moyenne).

Le budget des étudiants varie également en fonction du cycle d'études, de l'activité professionnelle, de la discipline, de l'origine sociale et des revenus des parents. En particulier, les aides que les étudiants reçoivent de leurs parents sont très variables selon la catégorie socio-professionnelle et le niveau de revenu de ces derniers. Le montant mensuel moyen de l'aide parentale est de 1 600 francs pour un étudiant dont le père est ouvrier alors qu'il est de 3 700 francs pour un étudiant originaire d'un milieu « cadre supérieur ». En fonction du niveau de revenu du foyer d'origine des étudiants, les écarts sont encore plus élevés : 1 200 francs d'aide mensuelle moyenne pour un étudiant dont le foyer a un revenu inférieur à 8 000 francs par mois, contre près de 5 300 francs d'aide pour un foyer dont le revenu dépasse 30 000 francs.

La possession d'une automobile, symbole d'autonomie et signe d'une relative aisance, est assez répandue chez les étudiants, un peu plus en province, où les déplacements sont plus importants, qu'en région parisienne (les taux de l'enquête OSC sont très proches de ceux de l'enquête du CREDOC, 41 %, qui comprend les étudiants de troisième cycle). Le taux de possession augmente lorsqu'on passe du premier au deuxième cycle, mais les étudiants de premier cycle sont nettement plus d'un tiers à être équipés (35 % contre 43 % en deuxième cycle). Le taux d'équipement automobile est surtout lié à la régularité du travail (57 % des étudiants travaillant au moins à mi-temps possèdent une automobile), alors qu'il n'est pas du tout associé à l'origine sociale.

TABLEAU XXI. — L'ÉQUIPEMENT DES ÉTUDIANTS.
« POSSÉDEZ-VOUS LES BIENS OU OBJETS SUIVANTS ? »
(% de possédants parmi les étudiants)

	Besançon	Nanterre	Rennes	Ensemble
Une automobile	37,9	35,4	40,0	37,9
Une moto	4,3	3,1	1,6	3,0
Une mobylette ou une vespa	7,5	5,2	8,6	7,2
Une chaîne hi-fi	56,7	74,1	53,6	60,9
Un compte en banque	95,7	95,0	95,2	95,3
Une carte bleue	58,5	45,6	52,5	52,5
Un livret de caisse d'épargne	72,5	66,3	71,2	70,1
Un plan d'épargne-logement	17,2	26,7	28,2	24,0

Source : [OSC, 1992].

Le compte en banque est généralisé alors que ce n'est pas le cas de la carte bleue que ne détient qu'un peu plus de la moitié des étudiants, plus souvent en province qu'en région parisienne. A l'inverse, les étudiants de Nanterre interrogés par l'OSC sont nettement plus souvent équipés en chaîne hi-fi que les provinciaux. Ces deux biens sont probablement le symbole de la distance ou de la proximité à l'univers adolescent et à la famille d'origine. Leurs taux de possession varient en effet de façon inverse en fonction du mode de résidence : plus de titulaires de cartes bleues chez les étudiants indépendants, plus de possesseurs de chaînes hi-fi chez les étudiants vivant chez leurs parents.

Enfin, les étudiants sont des épargnants, puisqu'une grande majorité d'entre eux a un livret de caisse d'épargne et que près d'un quart a même souscrit un plan d'épargne-logement. L'étudiant des années quatre-vingt-dix n'est donc plus un être insouciant préoccupé uniquement par ses études et ses loisirs ; il pense à l'avenir et commence à planifier son existence au-delà du terme de ses études.

Une relative satisfaction à l'égard des conditions de vie

Dans l'ensemble, les étudiants semblent plutôt satisfaits de leurs conditions de vie. Une majorité d'entre eux (55 %) déclarent à propos de leur budget qu'ils se sentent « à l'aise » ou que « ça va », un peu plus d'un tiers trouvant que « c'est juste, mais il faut faire attention » et seulement un peu plus de 10 % ayant le sentiment de connaître des difficultés [CREDOC].

Une enquête de l'INSEE sur les jeunes, menée en 1992, permet de comparer l'appréciation des difficultés matérielles des étudiants et des autres jeunes. Seulement 7 % des étudiants déclarent avoir connu des problèmes personnels importants d'ordre matériel et financier, alors que c'est le cas de 17 % des actifs du même âge et d'un quart des inactifs. Il est vrai, comme on l'a vu, que les étudiants bénéficient de sources de revenus relativement diversifiées et d'une aide directe ou indirecte des parents qui leur évitent la plupart du temps de connaître de graves difficultés. Si l'on met en rapport les ressources mensuelles moyennes de l'étudiant (près de 5 000 francs en incluant les ressources affectées) et le revenu net mensuel moyen des jeunes actifs de 18 à 29 ans interrogés par l'INSEE en 1992 (moins de 6 400 francs), l'avantage de ces derniers paraît assez mince, étant donné les différences probables de charges, l'aide en nature des parents et la disponibilité horaire plus grande des étudiants. Il est vrai toutefois que les jeunes actifs bénéficient également du maintien, souvent prolongé, d'une aide familiale, notamment lorsqu'ils vivent seuls [Caussat, 1995].

Les loisirs et les amis

Par rapport aux lycéens comme aux actifs qu'ils deviendront, les étudiants bénéficient, en moyenne, d'une disponibilité de temps exceptionnelle qui leur permet de déployer un large registre d'activités de loisirs et de se consacrer plus entièrement qu'à toute autre période de la vie à l'exercice de la sociabilité amicale [Galland et Garrigues, 1989].

Des loisirs jeunes et cultivés

Les étudiants pratiquent autant ou même plus que les autres jeunes des loisirs propres à cette classe d'âge [Patureau, 1992] : ils font du sport (plus de 60 % déclarent avoir pratiqué une activité sportive au cours des douze derniers mois), et mutiplient les occasions de sortie en petits groupes : 59 % des étudiants interrogés par l'OSC déclarent « faire partie d'un groupe qui fait régulièrement des choses ensemble ». L'activité favorite de ces groupes, qui comprennent en moyenne une dizaine de jeunes, est précisément de sortir, ou de participer à des « fêtes ».

Ces sorties sont d'une double nature ; certaines sont typiques des loisirs juvéniles comme la « sortie en boîte », la fréquentation des matchs sportifs, du concert rock ou du cinéma, alors que d'autres s'apparentent plutôt aux loisirs pratiqués par les Français ayant un niveau d'éducation élevé, comme la fréquentation des musées, du théâtre ou du concert classique. Les sorties au restaurant et au cinéma, pratiquées par la moitié des étudiants dans les deux dernières semaines, comptent parmi les plus fréquentes [CREDOC]. L'ensemble des étudiants sorte en moyenne 2 fois par mois au restaurant et fréquente les salles obscures 1,7 fois par mois [*ibid.*].

TABLEAU **XXII**. — TAUX DE SORTIES AU COURS
DES DOUZE DERNIERS MOIS[1]

	Boîte	*Bal*	*Match*	*Fête*	*Rock*
Étudiants*	73	28	39	55	55
20/24**	67	35	33	58	27
Études supérieures***	28	17	24	38	16

	Théâtre	*Classique*	*Jazz*	*Cinéma*	*Musée*	*Restaurant*
Étudiants	51	23	23	95	76	88
20/24	18	6	11	77	32	82
Études supérieures***	39	31	19	77	64	90

1. % ayant pratiqué le type de sortie au moins une fois par an.
* [OSC, 1992]. ** *Pratiques culturelles des Français 1989*, 20-24 ans. *** *Pratiques culturelles des Français 1989*, individus ayant suivi des études supérieures.

Mais les étudiants s'adonnent également assez souvent à des loisirs individuels ou qui se pratiquent au domicile comme les jeux de société (74 % au cours des douze derniers mois), ou des activités artistiques.

	Écrit	Peint, dessine	Musique seul	Musique groupe
Étudiants	27	29	27	18
20/24 ans	20	35	23*	10
15/19 ans	26	52	34*	15
Études supérieures	26	29	30*	13

* Jouent d'un instrument dans le foyer.

Les étudiants sont également des lecteurs, même si cette activité est en partie contrainte par le travail scolaire : d'après le CREDOC, 55 % ont acheté un livre, une revue, un journal ou une bande dessinée au cours des deux dernières semaines et 44 % ont contracté un abonnement entre le début de l'année universitaire et le 1er mars. La lecture régulière d'un journal est toutefois assez rare : 10 % des étudiants déclarent lire un quotidien national tous les jours, et seulement la moitié au moins une fois par semaine.

TABLEAU XXIV. — POURCENTAGE D'ÉTUDIANTS LISANT…

	Un quotidien national		Un quotidien régional		Le Monde		L'Équipe	
	Tous les jours	>= 1 fois/ semaine	Tous les jours	>= 1 fois/ semaine	Tous les jours	>= 1 fois/ semaine	Tous les jours	>= 1 fois/ semaine
Ensemble	10	50	8	42	7	36	3	12
Hommes	15,5	54	12	48	10,5	37	8	25
Femmes	7	49	6	39,5	5	36	1	5
Diplôme du père								
< bac CAP	8	47	9	47	7	32	3	13
BEP	8	42	9,5	49,5	5	29	2	11
Bac	14	57	11,5	43	9	37	5	15
Université	11	52	8	38	7	40	4	10
Grande école	14	66	4	20	13	55	3	10
Paris	14	60	2	9	11	48	3	8
Province	8	46	11	57	5	31	3	13

Source : [OSC, 1992].

Certaines des activités culturelles ou de loisir se pratiquent dans un cadre associatif : 43 % des étudiants déclarent faire partie d'un club ou d'une association, soit assez nettement plus que les jeunes du même âge. Les pratiques associatives des étudiants se rapprochent plus de celles des plus jeunes (14-19 ans), en continuité avec la vie scolaire, alors que les 20-24 ans s'en éloignent sans être encore pleinement intégrés dans les réseaux sociaux propres aux actifs de plein exercice.

En fait, les activités associatives des étudiants sont essentiellement des activités sportives qui regroupent 62 % des adhérents étudiants et 27 % de l'ensemble des étudiants. Les autres types d'association ne rassemblent qu'une petite minorité d'étudiants : 10 % font partie d'une association artistique ou culturelle, 6 % d'une association humanitaire ou religieuse, 4 % d'une association étudiante, 2 % d'une association politique et encore 2 % d'un syndicat étudiant.

TABLEAU XXV. — APPARTENANCE À UNE ASSOCIATION
(EN % DE LA POPULATION TOTALE) DANS L'ENQUÊTE
ET DANS QUELQUES POPULATIONS DE RÉFÉRENCE

	Une	Plus	Total	Art, culture	Sportive	Autre
14-19 ans*	36	10	46	12	34	6
20-24 ans*	24	8	32	11	21	6
Étudiants	31	12	43	10	27	18
Études sup.*	29	30	59	30	25	27

* *Pratiques culturelles des Français, 1989.*

Les étudiants fréquentent des étudiants

Les étudiants nouent entre eux des relations, mais celles-ci se construisent de manière élective et informelle dans le cadre de groupes restreints. Interrogés sur leur nombre d'amis (définis comme « ceux à qui l'on peut se confier », par opposition aux « copains » « avec qui l'on sort mais à qui on ne se confie pas forcément », cercle beaucoup plus large qui compte en moyenne quinze individus), les étudiants en indiquent en moyenne un peu plus de quatre. Et parmi ces derniers, la part de ceux qui sont eux-mêmes étudiants est prépondérante. Seuls 8 % des étudiants ne comptent aucun étudiant parmi leurs amis, alors que 80 % en comptent au moins la moitié et que 46 % ont même un réseau amical exclusivement étudiant. Le groupe des gens que les étudiants sont amenés à fréquenter dans des activités extra-universitaires est évidemment plus large que le cercle assez restreint des amis : il compte en moyenne une dizaine de personnes et les activités favorites de ces groupes d'interconnaissance sont les « sorties », loin devant la pratique du sport.

L'extension relativement limitée du réseau amical étudiant n'indique pas que la sociabilité s'organise à l'intérieur d'autres sphères, comme la famille, ou que les étudiants soient solitaires ou repliés sur eux-mêmes. Les sorties étudiantes, dont on a vu qu'elles étaient nombreuses et diversifiées, se font elles-mêmes le plus souvent avec des amis. Sur les dix derniers types de sorties (aller au bal, en « boîte », à un match sportif, au théâtre, au concert, dîner chez des amis, au cinéma, au restaurant, à une fête foraine, au musée ou à une exposition) effectuées par les étudiants interrogés par l'OSC en 1992, 84 % se sont faites avec des amis, 34 % avec des amis étudiants, seulement 11 % avec des membres de la famille et 5 % seul. Les garçons et les provinciaux, les étudiants d'IUT et de science ont plus souvent tendance à sortir avec des amis étudiants que les filles, les Parisiens ou les étudiants littéraires. Certains types de sorties sont également plus « étudiantes » que d'autres : les sorties en « boîte », au cinéma, au concert, ou le dîner chez des amis se font plus souvent avec des amis étudiants. A l'inverse, la fréquentation du théâtre est la sortie la plus typiquement familiale, tandis que certaines activités — la fréquentation des bals, des matchs sportifs, ou des fêtes foraines — sont également surpratiquées avec des membres de la famille mais relèvent essentiellement d'une sociabilité « locale » (elles se réalisent plus souvent avec des amis de la commune d'origine).

La sociabilité étudiante comprend ainsi plusieurs volets correspondant à la multiplicité des appartenances qui coexistent souvent chez l'étudiant : une sociabilité qui traduit son intégration au groupe des jeunes, avec une variante étudiante concernant les sorties les plus spécifiquement juvéniles et une variante locale correspondant à des activités plus traditionnelles et plus populaires ; une sociabilité familiale qui est de nature soit culturelle, soit locale.

Paris-province : deux formes de vie étudiante

Les situations résidentielles croisées des étudiants et de leurs parents par rapport à la ville universitaire sont totalement opposées en région parisienne et en province et cela explique une partie de leurs différences de comportements en matière de consommation, de loisirs et de sociabilité [Le Galès et Oberti, 1994]. Les étudiants nanterrois interrogés par l'OSC résident en grande majorité chez leurs parents dans une commune différente de celle où est implantée l'université, alors que la situation résidentielle des provinciaux est presque inverse : la plupart d'entre eux n'habitent pas (durant la semaine) chez leurs parents, mais résident dans la ville de l'université.

TABLEAU XXVI. — VILLE DE RÉSIDENCE DES ÉTUDIANTS
PAR UNIVERSITÉ EN FONCTION DE LA VILLE DE RÉSIDENCE DES PARENTS
ET DE LA VILLE UNIVERSITAIRE

	Habitent chez leurs parents		N'habitent pas chez leurs parents			
	Dans la ville universitaire	En dehors de la ville universitaire	En dehors de la ville universitaire	Dans la ville universitaire	Autres cas	Total
Besançon	10,7	10,8	2,8	73	2,7	100
Nanterre	1,4	71	20,4	2,6	4,5	100
Rennes	8,6	13,3	6,4	69	2,7	100
Total	7,1	30,3	9,5	49,9	3,3	100

Source : [OSC, 1992].

Les étudiants de province profitent donc à la fois de l'offre de formation et de l'offre de loisirs et de culture de la ville universitaire alors que les étudiants de la périphérie parisienne « consomment » la formation offerte par l'université, mais n'entretiennent aucun lien avec la commune qui l'accueille et restent plus attachés à leur lieu et à leur famille d'origine. Paris intra-muros représente un cas encore différent car, contrairement aux universités de la banlieue parisienne, la capitale-centre offre évidemment des produits tout aussi satisfaisants sur le plan des études et des loisirs, mais les étudiants parisiens ne bénéficient pas de la même indépendance et ne pèsent pas du même poids dans la ville que les étudiants provinciaux. L'observation des situations locales comme les résultats de l'enquête de l'OSC montrent en effet que les étudiants provinciaux concentrent leurs consommations culturelles ou de loisirs les plus typiquement juvéniles dans l'espace de la ville universitaire où se concentre d'ailleurs le plus souvent l'offre régionale en la matière : c'est le cas des sorties en « boîte », au cinéma, au restaurant, au concert, de l'achat de disques, de livres. Certaines capitales régionales regroupent des milliers d'étudiants et ceux-ci, lorsqu'ils sortent par petits groupes d'amis, investissent certains quartiers, certaines rues, certains bars. Leur indépendance résidentielle à l'égard des parents leur confère une grande liberté de mouvement et leur masse leur assure à la fois la présence d'une offre de loisirs spécifique et une forte visibilité sociale à l'intérieur du cadre urbain qui contribue à les construire comme un groupe à part entière. En un mot, comme archétype, l'étudiant du quartier Latin a laissé la place à l'étudiant des grandes capitales régionales.

Mais ces étudiants provinciaux restent également fortement attachés à leur lieu d'origine. On a déjà vu que la grande majorité d'entre eux rentraient chez leurs parents le week-end. Et c'est là qu'ils continuent majoritairement d'aller voir le médecin, le dentiste ou le coiffeur. Ces consommations concernant les soins du corps, liés au monde maternel et au monde de l'enfance, ne se délocalisent pas aussi facilement que les activités de loisirs ou les consommations culturelles. De la même manière, les trois quarts des étudiants provinciaux effectuent leurs démarches administratives dans leur commune d'origine, et la moitié d'entre eux y conservent la localisation de leur compte en banque

L'étudiant de province a donc une double vie. Durant la semaine, dans la ville universitaire où il possède le plus souvent un logement, il mène sa vie d'étudiant, ponctuée par les cours et le travail universitaire, bien sûr, mais aussi par les sorties, l'exercice de la sociabilité étudiante, la consommation de loisirs et de culture. Le week-end venu, il réintègre le giron familial et il endosse un rôle filial qui peut compenser certains désagréments de la vie étudiante : on se fait mitonner de petits plats, on amène son « paquet de linge sale ».

IV / Les difficultés d'une politique universitaire

L'enseignement supérieur a toujours été un domaine d'intervention politique particulièrement délicat et sensible. Le fil conducteur de la succession des plans et réformes entrepris depuis trente ans dans ce domaine n'apparaît pas clairement, sans doute parce que l'action des pouvoirs publics en la matière ne se caractérise pas par une grande cohérence. Pourtant, depuis la fin des années quatre-vingt, la redistribution des universités sur le territoire et les innovations pédagogiques ne sont pas restées sans effet sur la vie étudiante.

La réforme impossible

Beaucoup d'auteurs se rejoignent pour dire qu'il n'existe pas de politique universitaire d'ensemble en France et qu'elle se caractérise surtout par son absence de continuité et d'unité et son incapacité à traiter les problèmes de fond [Crozier, 1970 ; Touraine, 1972 et 1978 ; Lapeyronnie et Marie, 1992 ; Renaut, 1995].

Trois éléments liés sont couramment avancés pour expliquer cette faiblesse. Le premier tient à la coexistence, d'un côté, d'établissements richement dotés et sélectifs dont la mission essentielle est de former les élites et les ingénieurs et, de l'autre, d'un vaste secteur universitaire ouvert qui accueille la grande masse des étudiants et les flux résiduels du secteur sélectif. Les grandes écoles et les écoles spéciales parallèles ont très tôt été privilégiées par les divers gouvernements qui considéraient que la modernisation de la France devait être assurée par une élite de très haut niveau. Ainsi, pendant très longtemps, et suite à l'échec de la réforme de 1896 d'intégrer les écoles spéciales à l'Université, celle-ci a été considérée comme un élément marginal de la politique de l'enseignement supérieur puisqu'elle n'avait pas pour mission de former les cadres de la nation. Ce n'est vraiment qu'à partir de 1968, face à l'ampleur du mouvement étudiant, que des réformes seront proposées mais rarement engagées totalement. A partir de ce moment-là, de façon quasi systématique, les réformes déboucheront sur des mouvements de contestation ou les suivront comme en 1976 et 1986.

Le spectre de la sélection et le thème de l'égalité des chances constituent l'autre face de la première caractéristique. En effet, si les mots d'ordre des contestations étudiantes consistent dans la plupart des cas à rappeler avec force le principe d'un libre accès à l'Université, c'est non seulement parce que la demande générale d'éducation a considérablement évolué, mais aussi parce que, face à la sélection des autres établissements de l'enseignement supérieur, celle-ci représente le seul espoir d'accès aux études longues. L'Université devient alors l'incarnation même d'un principe, si ancré dans la société française, d'égalité des chances face à l'école, auquel se heurtent régulièrement toutes les tentatives de réformes visant à « contrôler » les flux d'étudiants. L'auteur d'un rapport sur les étudiants en Europe est clair sur ce point : « Les lois Faure (1968) et Savary (1984) ont tenté de remettre en route l'institution universitaire en introduisant trois principes nouveaux : l'autonomie, la pluridisciplinarité et la participation. Aucun de ces principes n'a pu s'appliquer pleinement, ce qui, en définitive, était secondaire, le vrai problème à régler étant, en fait, celui de la maîtrise des flux » [Flory, 1993].

Enfin, l'Université a été caractérisée dès son origine par une tension entre sa mission d'« institution intellectuelle » dispensant une culture générale, surtout en lettres et sciences humaines, et le souci de la professionnalisation des étudiants. Quand les réformes privilégient la professionnalisation (en proposant, par exemple, une collaboration plus étroite avec le monde économique), les étudiants et plus encore les enseignants rappellent leur attachement à l'indépendance et à la mission intellectuelle de l'Université, tout en revendiquant l'obtention de diplômes plus professionnalisants, donc plus spécialisés [Renaut, 1995].

Les difficultés d'une réforme profonde de l'Université tiennent aussi à la structure même de l'enseignement supérieur français et aux modalités de fonctionnement des enseignements. Ces aspects sont au cœur des dysfonctionnements du système universitaire. Sur le plan de la répartition des flux d'étudiants, les étudiants les plus fragiles scolairement se retrouvent paradoxalement dans l'institution la moins préparée et la moins adaptée à les accueillir et à les encadrer sur le plan pédagogique. En revanche, les mieux préparés sur le plan scolaire bénéficieront des meilleures conditions d'encadrement et d'apprentissage intellectuel. Ce paradoxe apparaît avec force dans les IUT qui, conçus comme des filières courtes professionnalisées, accueillent de plus en plus d'étudiants visant des études longues qui contournent les premiers cycles de masse des universités. Cet aspect fondamental explique aussi pour une large part le taux d'échecs en premier cycle à l'Université.

L'autre effet, qui se conjugue au précédent, concerne à la fois le recrutement et les carrières des enseignants-chercheurs. Engagés surtout sur un profil de chercheurs, les universitaires évoluent dans leur carrière sur la base de leurs travaux de recherche et de leurs publications. Autrement dit, l'investissement pédagogique, de plus en plus nécessaire dans les premiers cycles, est délaissé par certains enseignants titulaires (souvent les jeunes maîtres de conférences qui préfèrent investir dans la recherche) qui se déchargent sur de jeunes chargés de cours et autres assistants temporaires d'enseignement et de recherche (ATER) dont la bonne volonté ne remplace pas toujours l'expérience dans la discipline à enseigner. Nouvelle situation paradoxale, le cycle qui pose le plus de problèmes (fort taux d'échecs, manque d'encadrement) est fui par les professeurs et, dès qu'ils le peuvent, par les maîtres de conférences qui ont tout intérêt à se consacrer à la recherche et au troisième cycle. Les cours principaux restent cependant dans beaucoup d'endroits encore assurés par les maîtres de conférences, dont l'engagement pédagogique permet aussi de faire tenir ces premiers cycles.

On comprend aisément qu'une réforme de l'Université soit difficile à mettre en œuvre. La question de la maîtrise des flux à l'entrée reste taboue. La présence d'un secteur sélectif et plus prestigieux détourne les meilleurs étudiants de l'Université et n'offre pas suffisamment de débouchés scolaires prestigieux à ceux qui réussissent le mieux à l'Université. Enfin, la réforme pédagogique nécessaire à un meilleur fonctionnement des premiers cycles se heurte aux attentes et à l'identité des universitaires qui acceptent mal le déclassement provoqué par l'apparition d'une Université de masse. A toutes ces limites, on peut ajouter celles qui tiennent désormais à la bureaucratisation croissante d'une institution gigantesque caractérisée par une forte inertie [Touraine et *al.*, 1978 ; Crozier, 1970]. Elle reste caractérisée par des faiblesses sur le plan de l'information et de l'accueil, autant d'aspects cruciaux pour la part croissante d'étudiants dont les parents n'ont pas fréquenté l'enseignement supérieur.

Les changements des années quatre-vingt/quatre-vingt-dix

Toute une série de changements vont cependant marquer l'Université surtout à partir de 1989. Nous ne traiterons ici que des projets, des réformes et des transformations institutionnelles qui ont des effets directs sur la vie étudiante, ce qui nous conduira à accorder peu d'importance aux nouvelles modalités de gestion de l'Université (contrat État/région/université, contrat quadriennaux).

La nouvelle carte universitaire

A partir des années soixante, les « palais universitaires » ne peuvent plus faire face à la forte croissance de la population étudiante. De nouvelles implantations se développent (24 villes universitaires en 1939, 40 en 1968) et les instituts universitaires technologiques se mettent en place surtout dans les villes moyennes. C'est aussi la période où Nanterre, Vincennes, puis Saint-Denis et Orsay voient le jour pour décongestionner les « vieilles » universités parisiennes.

Le mouvement de délocalisation et la multiplication sur le territoire de pôles ou d'antennes universitaires vont s'intensifier dans la seconde moitié des années quatre-vingt et feront l'objet d'une réelle programmation à partir de 1990 avec le plan « Université 2000 ». Parallèlement à la déconcentration en banlieue des universités parisiennes (Versailles, Saint-Quentin, Évry, Melun, Cergy-Pontoise, Marne-la-Vallée) et de celle des autres grandes métropoles (Lille, Lyon, Marseille), des villes parfois de taille modeste (Vannes, Dunkerque, Calais, Châteauroux, Lorient, etc.) vont accueillir des établissements supérieurs (surtout en premier cycle, en IUT et STS) et des antennes rattachées au départ à des universités mères. Daniel Filâtre [1994] distingue trois types de pôles universitaires. Les pôles de plus de 30 000 étudiants, grands centres académiques comme Toulouse, Lille, Aix-Marseille, Lyon, Bordeaux, Montpellier, Grenoble, Rennes, Strasbourg et Nancy, ont largement profité de la déconcentration des universités parisiennes de 1980 à 1986 et bénéficient d'un label scientifique reconnu, malgré des différences importantes. Les pôles « moyens » indépendants, non associés aux grands pôles précédents, comptent entre 7 000 et 23 000 étudiants : Nantes, Clermont-Ferrand, Caen, Poitiers, Dijon, Reims, Tours, Besançon, Rouen, Amiens, Angers, Limoges, Orléans, Nice, Le Mans. Les pôles de petite dimension, de 3 000 à 14 000 étudiants, considérés comme des pôles satellites : Brest, Saint-Étienne, Pau, Metz, Valenciennes, Chambéry, Mulhouse, Perpignan, Toulon, Avignon, Le Havre.

Trois facteurs ont renforcé cette tendance : la nécessité de mieux réguler et de répartir sur le territoire un flux croissant d'étudiants arrivant en premier cycle, une stratégie des universités mères visant à ne pas dévaluer les formations d'excellence au profit d'une gestion de masse des premiers cycles et, enfin, une forte volonté des collectivités locales d'intégrer l'Université dans le développement local. Les universités de Paris comme celles des grandes villes de province ont largement utilisé les antennes délocalisées pour décongestionner leur premier cycle tout en satisfaisant les attentes des élus, mais aussi des étudiants peu désireux de s'expatrier. Devenu un outil stratégique dans les politiques de développement économique des villes moyennes, ces « petites universités » étaient censées tenir compte des besoins de formation de la région ou de la localité d'implantation. Le programme « Université 2000 » a ainsi constitué un cadre favorable à l'implication des collectivités locales dans le développement des universités et l'accueil d'étudiants éloignés des plus grandes villes.

Le plan Université 2000

Ce plan, lancé en 1990 par Lionel Jospin, devait permettre d'établir une carte cohérente des établissements universitaires et un schéma général de développement de l'enseignement supérieur, en régularisant notamment les créations d'antennes universitaires et en engageant une concertation nationale et régionale. Trois niveaux ont été retenus : une politique nationale visant à corriger les déséquilibres régionaux au profit des universités du Nord et de l'Ouest, et à définir des pôles universitaires compétitifs pour poursuivre la décentralisation des centres de recherche ; une politique régionale afin de construire des réseaux universitaires à cet échelon ; une politique d'aménagement des différents sites pour améliorer la qualité de la vie étudiante et intégrer l'Université dans la ville.

Ce plan a conduit à une complexification des réseaux d'acteurs intervenant dans la politique universitaire, à officialiser les antennes existantes, à en créer de nouvelles et à décongestionner les universités parisiennes, mais à aussi développer la concurrence entre les villes et les régions pour l'accueil des sites ou l'obtention des labels d'excellence.

La constitution d'antennes universitaires a eu parfois des effets paradoxaux sur le milieu étudiant. Il semble bien que la possibilité donnée aux étudiants des petites villes, plus souvent d'origine modeste, d'accéder à l'Université sans avoir à assumer les coûts financiers et parfois psychologiques d'un départ, soit réelle. On le voit nettement dans les IUT et les STS accueillant déjà traditionnellement plus de jeunes d'origine populaire. En revanche, un véritable milieu étudiant ne semble pas se constituer dans ces petites villes. Non seulement les services et les activités destinés aux étudiants ne s'y sont pas développés, en tout cas pas autant que ce que les collectivités locales espéraient, mais aussi ces étudiants « locaux » se sentent de façon moins intense que leurs camarades des plus grandes villes universitaires appartenir à un milieu. Le maintien sur les lieux de la famille et du lycée les conduit à se comporter plus comme des lycéens âgés que comme des étudiants plus autonomes [Séchet-Poisson et Peyon, 1993]. Un seuil quantitatif, tant du point de vue de la taille de la ville (200 000 habitants) que de l'effectif étudiant, constitue une entrave à l'apparition d'un milieu étudiant et aux développements d'une économie fondée sur ce public dans les plus petites villes. Ces lieux universitaires ont également une aire de recrutement très étroite qui limite la diversification géographique, sociale et scolaire des étudiants. On observe « une secondarisation des antennes, tenant non seulement à un recrutement de "deuxième rang", mais aussi au maintien d'un mode de vie "secondaire" » [Berthelot, 1990]. Ce processus, sans doute en partie voulu, concerne aussi les premiers cycles des universités mères, mais dans une moindre mesure.

En outre, les formations de deuxième et troisième cycle sont très inégalement distribuées entre les grandes villes de province et ces petites implantations universitaires. Celles-ci n'en proposent que très rarement, et rencontrent des difficultés à attirer des universitaires et des chercheurs, ce qui contribue à en faire des pôles de deuxième catégorie dans la hiérarchie universitaire. Les étudiants fréquentent les antennes rattachées à une « grande université » considèrent que de véritables études et la « vraie » vie d'étudiant supposent de se rendre dans la capitale régionale qui, dans ces deux domaines, reste la référence. Les auteurs du rapport du Comité national d'évaluation des universités [1995] ont un diagnostic plus tranché : « Ces implantations nouvelles de taille réduite apportent certainement aux étudiants des possibilités nouvelles d'accès à l'enseignement supérieur, de meilleures conditions matérielles et certains atouts de la proximité, mais elles ne leur offrent pas les conditions de brassage, d'ouverture, de confrontation à des horizons, plus larges et plus complexes, nécessaires pour former des esprits mûrs et indépendants. »

L'autonomie renforcée des universités dans leur gestion et leurs rapports aux autres acteurs locaux, ainsi que l'implication plus grande des collectivités locales et parfois des entreprises dans le développement universitaire ont contribué dans certains cas à ne plus faire de l'université un espace détaché de son environnement urbain et socio-économique immédiat. Lorsqu'elle est effective, cette meilleure intégration des universités à leur environnement améliore parfois les conditions de l'insertion professionnelle des jeunes, qui sortent par exemple de formations universitaires auxquelles ont participé, d'une façon ou d'une autre, des collectivités locales ou d'autres acteurs économiques.

Des efforts d'adaptation des premiers cycles aux caractéristiques des nouveaux entrants ont marqué la réforme du DEUG. Afin de mieux accompagner le passage difficile du lycée à l'Université, de familiariser les étudiants avec d'autres formes de travail et d'apprentissage intellectuels, des tutorats ont été mis en place. Il s'agit de petits groupes de travail où la proximité avec l'enseignant est privilégiée pour permettre une acquisition plus rapide des connaissances et des techniques de base indispensables au travail universitaire.

Un fonctionnement par modules a également été prévu pour permettre des réorientations après un semestre ou même une année. Ce système permet à des étudiants changeant de filière de ne pas perdre la totalité des enseignements suivis qui peuvent comporter des aspects transversaux ou pluridisciplinaires. Ce point est essentiel car le choix de la filière lors de l'entrée à l'Université est dans bien des cas soit un choix par défaut, soit un choix incertain qui se fait dans l'urgence avec peu d'information [Oberti, 1995]. Il reste cependant que ces innovations, même si elles sont appréciées des étudiants toujours très demandeurs de tous types de tutorat, ne semblent pas donner de résultats notables puisque les abandons en cours de première année demeurent importants et que les taux de passage en deuxième et troisième années n'ont pas été améliorés.

Pour répondre à la critique récurrente de l'incapacité de l'Université de proposer des formations adaptées aux besoins de l'économie, de nouvelles filières ont été créées à partir des années soixante-dix : au niveau licence et maîtrise, LEA (langues et études appliquées), AES (administration économique et sociale), MST (maîtrise de sciences et techniques), MSG (maîtrise des sciences de la gestion), MIAGE (maîtrise d'information appliquée aux sciences sociales), IUP (instituts universitaires professionnalisés). En troisième cycle, les DESS, les DEA et les magistères se sont multipliés. Le magistère est une filière universitaire d'excellence, reposant sur la sélection des étudiants qui suivront une formation fondée sur la professionnalisation, et une initiation à la recherche par la recherche, pendant trois ans après le DEUG ou la licence. Il s'agit aussi de l'une des rares tentatives de l'Université pour concurrencer les grandes écoles au niveau bac + 5.

Il faut également insister sur la multiplication d'écoles refuges, surtout dans le domaine de la gestion, du marketing et de la communication [Bourdieu, 1989], qui se sont constituées sur le modèle des grandes écoles, en adaptant le recrutement à un public favorisé économiquement mais qui n'était plus en mesure de faire face à la sélection scolaire des écoles les plus prestigieuses. Elles permettent ainsi à toute une frange de jeunes d'origine sociale élevée d'obtenir un diplôme d'études supérieures qui a les allures d'un diplôme d'une grande école et qui pourra être valorisé grâce au capital social des parents qui interviennent directement dans les procédures de placement des élèves (European Business School, Institut de préparation à l'administration et à la gestion, Institut d'économie et de coopération européenne, Institut supérieur de gestion, etc.).

Des formations mixtes Université/grandes écoles se développent également en troisième cycle. Au plus haut niveau, et dans le cadre de formations pointues, un brassage semble donc s'opérer entre étudiants d'universités et étudiants des grandes écoles.

Au total, on assiste bien à une diversification des cursus, des filières et des diplômes avec des tentatives timides de professionnalisation dans l'Université. Malgré des efforts d'homogénéisation des diplômes entre les universités, on constate encore une grande variation dans la sélection des étudiants (certaines universités comme Dauphine pratiquent la sélection par la mention au bac en toute illégalité), dans la structure et le contenu des DEUG rénovés, dans le régime des thèses, dans le taux d'encadrement et les pédagogies pratiquées. L'Université est encore un ensemble éclaté et diversifié sur le plan de son fonctionnement et de ses structures.

De fortes inégalités au sein de l'enseignement supérieur

Malgré les besoins nouveaux suscités par l'accroissement spectaculaire des effectifs, l'Université française reste pauvre (voir les multiples rapports publiés à la Documentation française), du fait de la priorité accordée à l'enseignement primaire et secondaire depuis très longtemps. 15 % seulement des crédits pour l'éducation étaient consacrés à l'enseignement supérieur en 1994 (13 % en 1974). Lorsque l'on compare la part du budget de l'enseignement supérieur dans le budget de l'éducation à celle d'autres pays européens, la France arrive en avant-dernière position (tableau XXVII).

La France est également en queue de peloton pour l'effort de financement de l'enseignement supérieur par étudiant. Toutefois, ces données doivent être interprétées en fonction des politiques de l'enseignement supérieur propres à chacun des pays. La France a choisi d'ouvrir massivement les portes de l'Université et figure au premier rang pour le taux de fréquentation de l'Université des 22-25 ans (10,6 % en France contre seulement 3 % au Royaume-Uni en 1991). Les masses budgétaires globales affectées à l'enseignement supérieur sont donc importantes mais demeurent modestes lorsqu'on les rapporte au nombre d'étudiants. La politique du

TABLEAU **XXVII**. — INVESTISSEMENT NATIONAL EN FAVEUR DE L'ENSEIGNEMENT SUPÉRIEUR EN 1991 DANS QUELQUES PAYS EUROPÉENS

	Part des dépenses pour l'enseignement supérieur dans le budget de l'éducation	Dépenses par étudiant (publiques et privées) en équivalent dollars US [a]	Dépenses (publiques et privées) par étudiant en % du PIB par habitant [b]
Belgique	19,0	6 235	35,8
Danemark	21,4	7 685	43,7
France	**17,7**	**5 871**	**32,3**
Pays-Bas	29,8	9 373	56,8
Portugal	16,6	—	—
RFA	18,7	6 322	32,5
Espagne	18,5	3 875	30,5
Royaume-Uni	20,7	—	—

a. Les dépenses par étudiant, converties en une monnaie commune, constituent une mesure globale des ressources financières qu'un pays consacre en moyenne à la scolarité de chaque étudiant. Elles permettent une comparaison du niveau absolu de financement de l'enseignement supérieur.

b. Cet indicateur permet de mettre en rapport les dépenses par étudiant avec le niveau de vie dans chaque pays.

Source : OCDE, *Regards sur l'éducation*, 1993.

Royaume-Uni est à l'exact opposé : ce pays consacre certes beaucoup d'argent par étudiant mais conserve une Université beaucoup plus élitiste et donc n'accorde pas globalement plus d'argent à l'enseignement supérieur.

Ce sont encore des écarts importants qui séparent le coût d'un étudiant d'un pays à l'autre et d'une filière à l'autre. En francs constants et par an, le coût moyen d'un étudiant anglais était de 52 000 francs en 1988, de 35 000 francs en Allemagne et de seulement 19 500 francs en France. Dans un secteur défavorisé comme celui des études juridiques, il ne coûte que 7 000 francs, alors que le polytechnicien coûte lui 200 000 francs. Autrement dit, le budget de cette école qui accueille globalement 300 élèves est équivalent à celui de l'université Paris-I qui en accueille plus de 30 000. Le secteur sélectif des grandes écoles, qui accueille 4 % des étudiants du supérieur, absorbe 30 % du budget total de l'enseignement supérieur. Bernard Mendès France [1984] montrait également la redistribution inégalitaire des dépenses publiques pour l'éducation, surtout pour l'enseignement supérieur, puisque les ménages de cadres supérieurs et de professions intellectuelles supérieures recevaient sept fois plus que les ménages ouvriers.

Enseignement élémentaire	21,5
Second degré, premier cycle	35,7
Second degré, second cycle général	42,3
STS-CPGE	59,4
Universités	**32,2**
IUT	52,9
Formation d'ingénieurs	76,6

Source : DEP-MEN, 1995.

L'analyse de l'évolution des budgets montre une diminution des moyens dans tous les secteurs : après un effort important de 1957 à 1970, les crédits par étudiant n'ont plus progressé jusqu'en 1990. Les dépenses de fonctionnement et de personnels administratifs, techniques et de service ont connu le même sort. On mesure aussi la faiblesse des moyens accordés à l'Université en France à travers la politique choisie ces dernières années de freiner le recrutement des filières mieux dotées (les IUT) au profit des filières « bon marché » donnant accès au DEUG, surtout en lettres et sciences humaines, filières qui ont accueilli massivement les étudiants.

Au début des années quatre-vingt-dix, le gouvernement a adopté un plan de développement de l'enseignement supérieur dont l'objectif est d'éviter la dégradation en profondeur des universités par un accroissement budgétaire sensible dans tous les secteurs, et une politique plus attractive et plus dynamique de recrutement des universitaires. Aux crédits de l'État s'ajoutent les ressources propres des établissements de l'enseignement supérieur et l'apport des collectivités territoriales, très variable d'une région à l'autre, mais qui a considérablement augmenté entre 1988 et 1993, compte tenu du plan « Université 2000 » qui associe à effort égal l'État et les régions dans un programme d'investissement sur cinq ans (1991-1995).

De 1988 à 1993, le budget de l'État pour l'enseignement supérieur a constamment augmenté. Il est passé de 2,06 % à 2,87 % de l'ensemble du budget public, et de 0,40 % à 0,53 % du produit intérieur. Il est vrai que, pendant le même temps, les effectifs universitaires augmentaient de plus d'un tiers. C'est surtout dans le domaine du recrutement des enseignants que les efforts ont porté : entre 1988 et 1992, le nombre d'emplois d'universitaires s'est accru de 20,7 %. Toutefois, ramenées au nombre d'étudiants, ces deux augmentations restent modestes, au point que le recrutement important des dernières années n'a pas changé le taux d'encadrement des étudiants. Le recrutement sur cette même période du personnel non enseignant (IATOS) n'a, quant à lui, augmenté que de 10 %. Face à l'accroissement massif des effectifs, l'effort financier consenti par la France pour l'enseignement supérieur ne s'est pas soldé par une amélioration des conditions d'études ; il a juste permis à l'institution de tenir dans des conditions parfois incroyables, comme à l'université de Paris-X-Nanterre, où un campus construit pour 14 000 étudiants en accueille aujourd'hui 35 000. L'abandon du plan « Université 2000 » en 1994 s'est traduit par un relâchement du recrutement des enseignants-chercheurs : 1 424 postes en 1992, 2 250 en 1993 et seulement 700 en 1994. Le plan Bayrou, proposé à la suite du mouvement de grève de décembre 1995, marque donc un nouvel effort surtout pour le personnel administratif (IATOS).

Sur tous ces aspects, de fortes disparités caractérisent les différentes universités. Certaines obtiennent des dotations supérieures aux prévisions ministérielles et bénéficient d'un encadrement parfois deux fois supérieur à celui des universités les moins dotées. On retrouve également des inégalités entre disciplines, les universités scientifiques étant plus souvent mieux encadrées que les autres. Cela a amené le gouvernement à proposer une politique de rééquilibrage en faveur des « universités pauvres » pour le budget 1996.

Le diagnostic porté sur l'état de l'Université française à la lecture de ces quelques statistiques est donc plutôt sombre. Dépourvue des moyens budgétaires qui lui permettraient d'adapter ses structures et l'encadrement pédagogique à la massification des effectifs, l'Université offre aux étudiants des conditions de travail de moins en moins favorables à la poursuite de leurs études.

Un système d'aide complexe

Une réforme de l'aide sociale étudiante a été adoptée en 1991. Outre les aides financières directes (accroissement significatif du nombre et du montant des bourses, instauration de prêts garantis par l'État), elle concerne aussi les autres aspects de la vie étudiante (logement, restauration, transport, conditions d'études, etc.) En 1993, environ 19 % des étudiants d'Université bénéficiaient d'une bourse (14 % en 1970), la proportion variant du quart au tiers des effectifs dans les IUT et les STS. Le système des prêts semble encore marginal puisque seulement 36 000 ont été engagés en 1991-1992.

Les bourses concernent surtout de étudiants de premier cycle (70 % des boursiers, 26 % en deuxième cycle et 4 % en troisième cycle pour l'année universitaire 1992-1993). Attribuées sur critères sociaux, elles dépendent donc des revenus des parents et exonèrent l'étudiant des frais d'inscription. A partir du troisième cycle, les bourses sont délivrées sur critères universitaires. Les étudiants poursuivant un doctorat peuvent obtenir ensuite une allocation de recherche pour la préparation d'une thèse et obtenir des compléments d'allocations (heures d'enseignement rémunérées sous forme de monitorat) qui leur assurent un revenu mensuel compris entre 8 000 et 9 000 francs. Ces allocations de recherche sont rares (une ou deux par formation doctorale), et sont souvent à la base du pouvoir mandarinal des responsables de formation doctorale.

TABLEAU XXIX. — MONTANT DES BOURSES À LA RENTRÉE 1994 (en francs)

Bourses sur critères sociaux	
1ᵉʳ échelon	6 912
5ᵉ échelon	18 648
Bourses sur critères universitaires	
bourses de service public	18 648
bourses de DEA-DESS	20 412
bourses d'agrégation	22 050

Source : document CNOUS, 1994-1995.

Les étudiants et les aides au logement

Jusqu'en 1992-1993, les étudiants ne pouvaient prétendre qu'à l'allocation de logement à caractère familial (ALF) s'ils étaient chargés de famille ou à l'APL s'ils occupaient un logement conventionné. Depuis le « bouclage » de l'allocation de logement social (ALS) achevé en 1ᵉʳ janvier 1993, les étudiants sont inclus dans le nouveau champ d'application de cette prestation. S'il est âgé de moins de 20 ans l'étudiant devra toutefois choisir entre sa qualité d'enfant à charge au sens des allocations familiales et sa qualité d'allocataire. L'étudiant devra occuper un logement loué à son nom et non à celui de ses parents. Ce logement devra répondre à certaines normes de confort et de superficie.

Le montant de l'aide varie en fonction du loyer, du revenu de l'étudiant (mais pas du revenu des parents), de la nature du logement et du lieu d'habitation. En l'absence de revenus, ou si ceux-ci sont inférieurs à 21 710 francs, l'aide au logement est calculée sur la base de ce forfait (appelé « plancher de ressources »). Au plancher de ressources, et dans les agglomérations de plus de 100 000 habitants, l'aide est de 302 francs par mois pour un étudiant logé en cité U, et peut atteindre 924 francs pour un étudiant habitant un logement dont le loyer atteint ou dépasse 1 280 francs par mois.

Devant la croissance du nombre de bénéficiaires et le coût budgétaire qui en résulte, certains responsables publics envisagent de réviser les conditions d'attribution de l'ALS et notamment le fait que l'aide soit versée sans conditions de ressources des parents. Jusqu'à présent, face à la mobilisation des étudiants et de leurs syndicats, ces projets n'ont pas abouti.

Parallèlement aux bourses concernant des catégories spécifiques d'étudiants (handicapés, fils de résistants, DOM-TOM, etc.), d'autres aides financières, moins importantes, peuvent être obtenues par le fonds d'amélioration de la vie étudiante (Université), le CROUS (prêts d'honneur), les collectivités locales qui multiplient les initiatives (par exemple, un revenu minimal étudiant pouvant atteindre plus de 3 000 francs comme dans la petite commune de Chenôve en Côte-d'Or près de Dijon), des organismes privés (fondation CETELEM, Fondation de France, fondation Rotary).

Le « statut de l'étudiant » : un serpent de mer ?

Une note des services du Premier ministre (*Le Monde*, 20 octobre 1995) évalue à plus de 23 milliards de francs l'ensemble de aides publiques aux étudiants, qu'elles soient directes (comprenant essentiellement les bourses, les aides au logement) ou indirectes (l'octroi d'une demi-part supplémentaire pour rattachement au foyer fiscal, CROUS, déficit de la sécurité sociale étudiante notamment), soit 55 % du budget 1995 de l'enseignement supérieur. Depuis 1988 ce montant a été multiplié par 2,8 (voir tableau sur les aides). Ce système est mal contrôlé, complexe et relativement inique. Le rapport Laurent, remis à François Fillon le 20 janvier 1995, dénonçait « le choix fait en faveur de l'aide indirecte (la demi-part fiscale) qui, combinée avec la quasi-gratuité de l'enseignement supérieur, conduit à accorder un avantage fiscal considérable aux familles d'étudiants qui se situent dans les tranches élevées de revenus ». De plus, l'ALS est attribuée sans conditions de ressources des parents. Tous les acteurs du système éducatif — les présidents d'université comme les syndicats d'étudiants — s'accordent donc sur la nécessité de la « remise à plat », mais tous n'ont pas les mêmes idées. Les syndicats étudiants s'opposent notamment à la remise en cause des acquis. Lors de la préparation du budget 1995, ils ont vivement protesté contre un amendement, finalement abandonné, qui proposait de supprimer l'avantage de la demi-part fiscale aux familles dont les enfants étudiants touchent l'ALS.

Jacques Chirac lui-même, alors candidat à l'élection présidentielle, avait promis au printemps 1995 un « statut de l'étudiant plus juste, plus généreux que le système actuel des aides, des bourses et des prêts ». A l'automne de la même année, le gouvernement a toutefois décidé de reporter cette réforme et de la faire précéder d'une vaste consultation nationale sur l'avenir de l'Université ouverte à « l'ensemble des acteurs du système ».

Dans le domaine du logement, indépendamment des plans de construction prévus sur la base des accords entre le CROUS et le ministère de l'Équipement et du Logement, des offices HLM, souvent en concertation avec la ville, intègrent des logements étudiants dans leur programme. Les étudiants peuvent également bénéficier d'une allocation de logement social (ALS) ou d'une aide personnalisée au logement (APL) (voir encadré). Plus d'un dixième des étudiants (12 % [CREDOC], 13 % [OSC]) déclaraient percevoir en 1992 des allocations logement ou des allocations familiales. Depuis cette date, la proportion de bénéficiaires a fortement augmenté avec la généralisation de l'allocation de logement social [Rassat, 1995].

Selon la CNAF, le taux de bénéficiaires des aides au logement parmi les étudiants est de 29 % en 1993-1994. A cette date, 473 721 étudiants bénéficiaient de l'ALS, représentant 26,5 % du total des allocataires (progression de 15,8 % par rapport à 1993). Comparativement, l'aide personnalisée au logement (APL) et l'allocation de logement familiale (ALF) touchent moins d'étudiants : respectivement 120 000 et 10 000. Ce sont donc au total plus de 600 000 étudiants qui bénéficient en 1994 d'une aide au logement.

Les étudiants désirant suivre une partie de leurs études à l'étranger ont pu profiter ces dernières années de programmes d'échanges entre universités européennes. Ces programmes (ERASMUS et COMET) assurent une prise en charge des frais supplémentaires occasionnés par un séjour à l'étranger.

Les villes universitaires développent également de plus en plus tout un système d'aide indirecte aux étudiants en offrant des tarifs préférentiels pour les transports, les loisirs et la culture. Il n'est pas rare non plus de voir, dans les villes accueillant une forte population étudiante, des restaurants ou des commerces pratiquer des tarifs étudiants sur présentation de la carte.

Tableau XXX. — Les aides aux étudiants et aux familles (en millions de francs), 1988-1995

		1988	1995
AIDES DIRECTES	1. Bourses, aides et prêts d'honneur	2 265	6 170
	2. Fonds d'amélioration de la vie étudiante	—*	40
	3. Fonds de garantie des prêts aux étudiants	—	47
	4. Allocation de logement social (ALS)	—	4 500
	5. Aide personnalisée au logement (APL)	—	2 000
	6. Réduction d'impôt de 1 200 F pour étudiant à charge	—	775
	7. Octroi d'une demi-part supplémentaire pour rattachement au foyer fiscal	3 268	5 000
	8. Avantage fiscal pour la déduction des pensions alimentaires	—	70
INDIRECTES	Œuvres sociales (CROUS)	1 034	1 667
	Exonération des droits d'inscription (boursiers)	106	307
	Aide aux associations	6	10
	Déficit sécurité sociale étudiante	1 300	2 500
	Personnels médicaux sociaux des universités	46	59
	Prêts locatifs aidés	38	115
Total		8 063	23 274

* Aide n'existant pas en 1988.

Source : *Le Monde*, 20 octobre 1995.

V / Mobilisation, organisations et participation étudiantes

Les étudiants surprennent toujours par leur capacité à se mobiliser et à faire entendre leurs revendications ou leur opposition aux nombreux projets de réforme de l'Université. Même si le syndicalisme étudiant n'occupe plus une place aussi centrale dans l'organisation de ces contestations, il a profondément marqué l'histoire politique de ce groupe. Les étudiants des années quatre-vingt-dix semblent mettre la politique à distance, au moins sous sa forme partisane et institutionnelle. Ils n'y sont pas pour autant complètement indifférents et acceptent difficilement les inégalités.

Les mouvements étudiants

Aux origines du syndicalisme étudiant [1]

L'UNEF naît en 1907 comme une fédération d'associations étudiantes locales, qui fédérera par la suite les unités locales (les AGE) — centre universitaire en province ou établissement d'enseignement supérieur à Paris —, elles-mêmes divisées en corporations ou « corpos » à l'échelon des facultés. Elles représentent les véritables lieux de la vie syndicale. L'histoire de l'UNEF est souvent découpée en trois périodes qui correspondent à trois âges du mouvement étudiant [De la Fournière et Borella, 1957]. La première s'étend de la naissance de l'organisation à la Première Guerre mondiale et correspond à l'époque « folklorique », celle où les assemblées générales d'étudiants (AGE) organisent surtout la convivialité (fêtes)

1. Nous remercions Robi Morder et Jean-Yves Sabot du GERM (Groupe d'étude et de recherche sur les mouvements étudiants) pour leur aide et leurs notes de travail sur le syndicalisme étudiant.

dans une Université peuplée d'« héritiers » [Morder, 1992]. La deuxième époque, « corporatiste », durant l'entre-deux-guerres, est marquée par des préoccupations d'ordre plus matériel et revendicatif (résidences et restaurants universitaires, bourses) et des initiatives institutionnelles : l'UNEF est reconnue d'utilité publique en 1929, les associations se transforment en sociétés d'entraide, les centres de médecine préventive et l'Office du tourisme universitaire (OTU) voient le jour en 1934, le Centre national des œuvres en faveur des étudiants en 1936, l'Office du sport scolaire et universitaire (OSSU) en 1938. La troisième période, dite « syndicale », s'ouvre en 1946 avec la charte de Grenoble qui définit professionnellement l'étudiant en lui assignant des droits et des devoirs « en tant que travailleur, intellectuel et jeune ». Les premières grandes revendications vont alors se référer à cette conception de jeune travailleur intellectuel : celle d'un présalaire sera fermement soutenue jusqu'au début des années cinquante (plus timidement après la guerre d'Algérie), et surtout celle d'une couverture sociale sera obtenue par l'UNEF lors de sa première grande bataille syndicale en 1948. La sécurité sociale étudiante est établie comme partie intégrante du régime général et gérée par une mutuelle étudiante, la MNEF [Sabot, 1995].

Cette représentation des trois âges du mouvement étudiant est aujourd'hui critiquée par un auteur comme Jean-Yves Sabot [1995] qui propose un autre découpage : d'abord, jusqu'en 1946, une soumission des AGE (folklore et entraide) aux pouvoirs publics qui répriment le politique, puis une émancipation sur un mode syndical unitaire à partir de cette date (la « grande UNEF » des années cinquante et soixante) ; enfin, un émiettement organisationnel à la fin des années soixante qui conduit à la situation actuelle (deux UNEF « rivales » en 1995). Aujourd'hui, comme l'écrit cet auteur, ces trois identités semblent se mêler : « Les groupes sous le contrôle de l'administration (bureaux des étudiants, associations pour la recherche de stages, associations d'anciens, etc.) se multiplient, un mouvement syndical puissant tente de renaître de ses divisions, les groupes et listes électorales folkloriques, politiques ou apolitiques ne sont pas en reste (sièges dans les instances paritaires comme les conseils d'université). »

L'épisode de la guerre d'Algérie a constitué un moment particulièrement important dans la constitution d'un syndicalisme étudiant indépendant des pouvoirs politiques et capable de mobilisation d'envergure. Le fort investissement de l'UNEF pour l'indépendance de l'Algérie à partir de 1956 correspond aussi à l'affirmation d'un véritable syndicat au moment où les « minos » (tendance syndicale qui avait pris le contrôle de l'UNEF en 1946, avant d'être désavouée en 1950 et qui s'était organisée en minorité jusqu'en 1956) prennent le pouvoir contre l'orientation étroitement corporatiste des « majos » (au pouvoir de 1950 à 1955). Toutes les manifestations contre la guerre d'Algérie au début des années soixante rassembleront plusieurs milliers d'étudiants et vont contribuer à forger progressivement, avant 1968, une identité sociale autonome. Les étudiants se sentent de plus en plus légitimés à intervenir en tant qu'acteurs politiques. En 1961, alors qu'elle intensifie ses activités corporatistes et les services aux étudiants, l'UNEF est au sommet de sa représentation syndicale puisqu'elle regroupe un étudiant sur deux, soit près de 100 000 adhérents.

L'éclatement de la représentation étudiante

A partir de 1961, commence une période de scissions et de recompositions qui n'est pas terminée. L'histoire du syndicalisme étudiant apparaît dès lors comme un enchaînement complexe de luttes entre tendances et groupuscules politiques, au fil des événements et des différents gouvernements.

En 1961, l'UNEF doit affronter une nouvelle scission organisée par une grande partie des « majos » qui créent, avec l'aide du gouvernement Debré, la Fédération nationale des étudiants de France (FNEF). A ce moment, le gouvernement ignore l'UNEF qui n'est plus le seul représentant des étudiants. Cette période voit se renforcer les groupes politiques d'extrême gauche qui capitalisent les énergies hors d'un syndicalisme peu efficace, et qui s'exprimeront vraiment en 1968.

Le plan Fouchet de 1963 proposait de réformer l'Université dans une direction technocratique afin de traiter deux types de populations : la masse des futurs cadres moyens de l'enseignement et de l'industrie, engagés dans des cycles courts, et une élite de pointe bénéficiant de cycles longs, débouchant sur la recherche. De 1963 à 1964, de nombreuses manifestations marqueront une opposition forte à cette réforme. Pour la première fois, on voit apparaître un mouvement étudiant de masse s'opposant aux autorités universitaires et politiques et ayant pour enjeu l'Université elle-même. Les étudiants remettent en cause l'Université dans sa capacité à leur assurer une position sociale élevée dans la société. Au même moment, la mobilisation des étudiants contre l'impérialisme et plus particulièrement contre la guerre du Viêt-nam s'intensifie. A partir de 1967-1968, l'UNEF est au plus bas et ne revendique plus que 50 000 adhérents pour 500 000 étudiants. En mai 1968, l'UNEF est dépassée par les événements et décide de changer ses structures.

1971 est l'année de la scission de la « grande » UNEF. Après le départ de la Ligue communiste et des maoïstes en 1969, le PSU se retire aussi pour laisser face à face l'UNEF-« Renouveau » (animée par les étudiants communistes de l'UEC, mais aussi par les socialistes du CERES, des mitterrandistes et des radicaux de gauche) et l'UNEF-« Unité syndicale » animée par les trotskistes de l'OCI-AJS. Durant les années soixante-dix, la FNEF se radicalise à droite, alors que l'on assiste à la création de l'UNI (Union nationale interuniversitaire) très marquée à droite également (son objectif est de lutter contre les « marxistes »), et du CLEF (Comité de liaison des étudiants de France) regroupant des associations nationales de droit et sciences économiques, médecine, pharmacie et dentaire, et des grandes écoles. Durant cette période, les deux UNEF en concurrence sont minoritaires lors des grandes manifestations organisées par l'extrême gauche non syndicalisée, notamment la LCR. Les coordinations apparaissent comme des formes alternatives d'organisation collective.

En 1980, suite à des recompositions subtiles entre socialistes rocardiens et mitterrandistes et trotskistes, l'UNEF-Unité syndicale, soutenue par la MNEF (créée et gérée au début par l'UNEF, elle s'autonomise dans les années soixante, puis, au moment où le Parti socialiste réinvestit dans le syndicalisme étudiant, passe sous le contrôle des mitterrandistes contre le CERES), se transforme en UNEF-« Indépendant et démocratique ». En 1986, la majorité de cette UNEF adhère au Parti socialiste. La mobilisation de novembre-décembre de la même année contre le projet Devaquet (droits d'inscription fixés par l'université, sélection à l'entrée en première année et en licence, remise en cause du caractère national des diplômes au profit de diplômes d'Université) débouche sur une seule coordination intégrant les militants des deux UNEF. Elles se retrouveront encore en 1994 dans les grèves contre le contrat d'insertion professionnelle. En 1995, l'UNEF-ID reste contrôlée par les socialistes, mais la majorité jospiniste et rocardienne est battue par une alliance entre la gauche socialiste et l'extrême gauche. L'autre UNEF est toujours dominée par les communistes.

Les événements de Mai 68

Selon Raymond Boudon [1969], l'harmonie qui existait entre le système universitaire et le système social a été brisée par la croissance des effectifs étudiants et par le changement de la composition sociale de l'Université. Avec une multiplication par quatre des étudiants issus des classes moyennes entre 1950 et 1965, l'Université ne remplit plus ce rôle de légitimation et de confirmation d'une positon sociale largement acquise. On passe à un autre type d'Uni-

versité caractérisée par une multiplication des débouchés professionnels à l'image et au rang social plus flous que les emplois auxquels permettait d'accéder l'Université bourgeoise des années cinquante. Parallèlement, le réseau familial ne remplit plus aussi
clairement son rôle de socialisation anticipatoire à cause de l'arrivée
de nouveaux étudiants qui ne peuvent pas attendre de véritable soutien de la part des parents et du développement d'emplois mal
connus. Boudon présente alors la (nouvelle) condition étudiante
comme une condition de marginalité sociale.

C'est dans ce contexte complexe de réactions contre les réformes
universitaires (contestation du plan Fouchet) et de mobilisations sur
des thèmes extérieurs à l'Université (lutte contre l'impérialisme)
qu'éclatera le mouvement de 1968. Parti de Nanterre, ce mouvement se présente comme une volonté de rupture avec le système
universitaire traditionnel, représenté par la Sorbonne, mais pose
aussi la question de la condition étudiante entendue à la fois comme
mode de vie juvénile et comme avenir professionnel. Les étudiants
de Nanterre, surtout ceux de sociologie, vivent le plus fortement
cette condition de marginalité sociale décrite par Raymond Boudon
et sont aux avant-postes. Très vite, le mouvement s'étendra aux
autres universités et débouchera sur les célèbres manifestations de
rue et les barricades du quartier Latin.

Si le mouvement de Mai 68 trouve son origine dans une profonde
crise de mutation du monde universitaire (transformation de la
population et des objectifs assignés par le pouvoir politique), il renvoie également à une mise en cause plus globale de la place des
jeunes dans la société française de la fin des années soixante [Gal-
land, 1984 ; Morin, 1969]. « Les rapports sociaux entre les jeunes
et les adultes, dans les universités mais aussi dans bien d'autres institutions rentraient en contradiction avec la prolongation et la massification du fait juvénile » [Galland, 1984]. On assiste à une véritable réaction juvénile contre la relation traditionnelle imposée par
les adultes. Julian Pitt-Rivers [1980] parle de Mai 68 comme de « la
représentation ritualisée du refus d'une structure morale périmée ».

C'est donc une idéologie ambiguë qui a caractérisé ce mouvement : « La grande fête de la solidarité juvénile, le grand jeu syn-
crétique de la révolution ont été en même temps, sur le plan individuel, un examen de passage dans la société, et sur le plan collectif,
la volonté de s'affirmer dans et contre la société » [Morin, 1968].
Cette ambiguïté se retrouve aussi dans le décalage patent entre
l'idéologie systématisée des minorités actives et le progressisme
diffus de la « majorité silencieuse », qui s'appuie plus sur une
morale que sur une véritable « prise de conscience » politique [Gal-
land, 1984]. Cela s'est traduit aussi par une connivence entre ceux

qui réclamaient « la reconnaissance de l'altérité » et ceux, la minorité révolutionnaire essentiellement, qui veulent aller plus loin, qui
se battent pour l'alternative, « confondant ou identifiant les aspirations de l'adolescence au besoin révolutionnaire » [Morin, 1968].

Les étudiants français des années quatre-vingt-dix entretiennent
plutôt un rapport d'indifférence aux événements de Mai 68. Cette
mobilisation étudiante, unique par son intensité et son lien à un
mouvement social beaucoup plus large, ne semble constituer une
référence majeure de la mémoire étudiante que pour les plus politisés et les plus militants, liés surtout à la gauche et l'extrême gauche. Même pour ces derniers, c'est d'abord sur le plan de l'engagement et de la combativité, incarnés par quelques figures militantes
étudiantes (Cohn-Bendit, Geismar, etc.) et intellectuelles (Sartre,
Foucault) que la référence reste positive. En revanche, la forte politisation du mouvement, liée à l'hégémonie idéologique du
marxisme de la fin des années soixante, est plutôt perçue négati-
vement et très largement rejetée [Namer, 1990].

Le mouvement de Mai 68 renvoie à un monde étudiant (même
si ce n'est déjà plus celui des « héritiers ») et un climat idéologique
(marxisme, gauche révolutionnaire) spécifiques et bien éloignés du
contexte d'où émergeront les mouvements des années quatre-vingt.
Cette contestation de 1968 mêlait une rhétorique révolutionnaire et
une contestation culturelle profonde et novatrice [Touraine, 1968],
et renvoyait, selon l'expression d'Edgar Morin, à « la double
conscience étudiante » : « Conscience de participer à une émancipation collective grandiose, conscience individualiste de promotion
personnelle » [Morin et *al.*, 1968].

Mai 68 n'eut pas des conséquences uniquement dans la mémoire
politique des étudiants et leur conception de la pratique militante.
Les hésitations et les angoisses des différents gouvernements à éla-
borer et à présenter, depuis cette date, une politique universitaire
renvoient aussi, d'une certaine façon, à ce passé et à la peur de
déclencher des affrontements violents et difficiles à contrôler [Pas-
seron, 1986].

1976 : la fin de la conviction militante

Le début des années soixante-dix fut marqué par une vie étudiante très instable, encore politisée et très militante. Outre les mouvements de mobilisation contre les réformes de l'Université, pour
les innovations pédagogiques et institutionnelles (Vincennes), les
étudiants se mobilisaient facilement pour organiser des marches ou
des contre-marches sur la base d'une révolte politique (contre la
guerre du Viêt-nam et la dictature en Amérique du Sud, par exem-

ple). Les groupes d'extrême gauche étaient actifs et relativement écoutés. Les campus étaient encore le lieu d'affrontements verbaux et physiques lors des élections universitaires qui constituaient des moments privilégiés pour les militants qui commençaient cependant à se trouver confrontés à un désintérêt croissant des étudiants pour la vie politique et syndicale.

Durant cette période, les cursus universitaires se précisent (par cycles, secteurs et filières), la mise en place du deuxième cycle sous Alice Saunier-Seité déclenchera alors un interminable conflit avec grèves et manifestations en 1976. Au début du conflit, les groupes gauchistes (surtout trotskistes) encadraient fortement le mouvement. Face à des propositions politiques révolutionnaires qui trouvaient de moins en moins d'écho chez les étudiants et moins encore dans le reste de la société française, le mouvement traînera en longueur et s'éteindra sur un profond sentiment de lassitude qui annoncera le changement radical des années quatre-vingt caractérisé par une distanciation à l'égard des organisations politiques et syndicales.

Le syndicalisme étudiant a cependant joué un rôle important de formation et de socialisation à la politique de toute une génération occupant aujourd'hui des responsabilités politiques au plus haut niveau des partis ou du gouvernement [Hamon et Rotman, 1988 ; Sabot, 1995]. Il semble encore remplir ce rôle aujourd'hui puisque chaque mouvement étudiant produit son lot de « leaders » absorbés ensuite par les partis politiques [Chambraud, 1988]. De ce point de vue, le militantisme étudiant, première expérience politique autonome, fonctionne comme un vivier privilégié de futurs responsables politiques.

Le mouvement de 1976 vu par J.-C. Passeron (extrait)

« La dernière grève qui affecta l'ensemble des universités, lors de la mise en place du deuxième cycle en 1976, et que le ministère laissa longuement pourrir, fut ainsi le dernier *remake* d'un scénario d'agitation qui, lassant ses propres acteurs, porta un coup final aux grandes grèves universitaires ou du moins à la conviction militante qui s'y investissait. Comme le montrent alors les enquêtes sur le milieu étudiant, les nouvelles cohortes retrouvent, avec l'inquiétude sans phrases sur leur avenir professionnel, les chemins de la résignation scolaire et les calculs réalistes de l'ascension sociale, tandis que les enseignants qui, eux, ne se sont pas renouvelés, avec la fatigue d'une trop longue campagne sans victoire ni armistice, reprennent les chemins de l'accommodation à la profession. La période qui s'était ouverte à la rentrée 1968 sur le mot d'ordre : "Ce n'est qu'un début, continuons le débat", se clôt sur une désillusion quelque peu crépusculaire dans une Université qui n'a été ni reconstruite, ni stabilisée, ni révolutionnée. »

Source : PASSERON [1986, p. 394].

« L'affirmation de l'autonomie personnelle conduit à un rejet de l'action politique » [Lapeyronnie et Marie, 1992]. Plus précisément, la volonté de « rester soi-même » et de ne pas être « récupéré » politiquement se conjugue à l'importance accordée aux études pour la réussite sociale, parfois pour son épanouissement personnel, et explique à la fois le rejet du politique mais aussi la forte capacité de mobilisation du monde étudiant. Il ne s'agit plus, comme dans les mouvements des années soixante et soixante-dix, de défendre de grands principes et encore moins de proposer des projets de société ou une autre politique universitaire. Les mobilisations reposent sur des problèmes concrets qui conditionnent la liberté et l'égalité d'accès à l'Université (refus de la sélection, droits d'inscription, encadrement, locaux, validation des diplômes et équivalences, etc.). La grande majorité des étudiants fait preuve d'une grande vigilance, voulant en rester à « des choses concrètes » et surtout ne pas politiser les revendications.

Les mouvements de 1986 (contre le projet Devaquet), de 1994 (contre le contrat d'insertion professionnelle), de mars-avril 1995 (contre la limitation de l'accès aux IUFM) et novembre 1995 (pour de meilleures conditions d'études et une meilleure répartition des moyens) font ressortir clairement ces aspects. La mobilisation de 1986 contre le projet Devaquet a été très forte au début, lorsqu'il s'agissait de s'opposer à toutes tentatives de sélection à l'entrée de l'Université. L'objectif était ramené à sa plus simple expression : retrait du projet sans autre proposition ou revendication. Le mouvement s'arrêtera rapidement après le retrait du projet et la mort d'un étudiant. Les tentatives, suite à cet événement dramatique, de relancer la mobilisation sur des mots d'ordre démocratiques et éthiques échoueront. A chaque fois que les organisations politiques et les syndicats tenteront d'élargir le mouvement, ils se trouveront lâchés par la base qui, dans sa très large majorité, préfère s'en tenir à des revendications précises concernant l'Université. L'action collective étudiante des années quatre-vingt/quatre-vingt-dix exprime la force de la demande sociale d'éducation de couches de plus en plus diversifiées de la population qui s'opposent à tout ce qui viendrait entraver la liberté d'accès à l'Université ou mettre en cause les conditions de la réussite.

Le rejet du politique, ou plus précisément des organisations politiques, explique largement la crise du syndicalisme étudiant. Acteur central de la vie politique universitaire dans les années soixante et soixante-dix, il est très largement rejeté aujourd'hui, et ne regroupe plus que 3 % d'entre eux. L'UNEF-ID, le principal syndicat étudiant, ne revendiquait pas plus de 16 000 adhérents en 1991 et ne recueillait que 11 000 voix lors des élections universitaires dont le taux de participation ne cesse lui aussi de baisser. D'après l'enquête OSC, seulement 13 % des étudiants se déclarent prêts à participer à un parti, 22 % à s'inscrire à un syndicat, mais ce ne sont que 2 % des étudiants qui adhèrent effectivement à un syndicat étudiant.

Une enquête menée à Rennes [Le Bart et Merle, 1995] montre que les étudiants se déclarent très largement (90 %) éloignés des organisations syndicales. Plus précisément, on constate que, sur 1 028 étudiants, 70 se déclaraient proches d'organisations syndicales de gauche, et seulement 20 proches de celles de droite. Avec l'ancienneté, les étudiants distinguent mieux les syndicats les uns des autres, mais s'en éloignent aussi beaucoup plus. Ils en attendent surtout des actions pour l'amélioration des conditions de vie et d'études.

La difficulté des syndicats à représenter le monde étudiant est liée, bien sûr, à la crise plus large du syndicalisme dans la société française, elle se rattache aussi à l'émergence de nouvelles formes d'organisation fondées sur la désignation de représentants *ad hoc*, indépendants des syndicats (les coordinations). Les structures politiques et l'expérience des militants sont utilisées, mais doivent rester sous le contrôle de l'assemblée générale et de la coordination, seules structures reconnues par tous et légitimées à prendre et à avaliser des décisions. Les syndicats, même « mis à distance », restent donc présents dans les moments d'effervescence sociale, mais ils ne les contrôlent plus totalement.

On voit également apparaître de véritables stratégies médiatiques par le biais, par exemple, des annonces et des communiqués « officiels » sur des radios ou dans la presse. Les médias jouent un rôle essentiel de relais pour les mouvements étudiants et en influencent parfois le déroulement. Leur présence dans les amphithéâtres (surtout la télévision) lors des grandes assemblées générales conduit à une véritable mise en scène de la détermination étudiante et contribue à accroître l'intensité des débats. Cet effet est d'autant plus fort qu'il s'agit d'une « scène » très attractive à laquelle ils n'ont pas habituellement accès. Ces moments forts sont rappelés ensuite avec la nostalgie d'une complicité et d'une convivialité collectives.

Les mobilisations et les actions tendent aussi à élargir le mouvement de contestation aux lycées dès que les conditions le permettent, rapprochement qui peut résulter d'une certaine secondarisation des premiers cycles, et d'une proximité plus grande entre lycéens et étudiants de premier cycle autrefois très éloignés.

On assiste parallèlement à l'émergence de « corpos » avec des étudiants qui s'organisent sur la base de leur département ou de leur

UFR en rejetant le modèle syndical, mais aussi celui des vieilles « corps » de droite. La FAGE (Fédération des associations générales des étudiants) voit le jour en 1989 et rassemble plusieurs centaines d'associations, amicales, organisations locales, anciennes corporations. Une sorte de vie associative corporative apparaît sur la base d'activités allant de la promotion des disciplines, l'amélioration des conditions d'études, la défense des diplômes, à l'animation de relations avec les professionnels et de réseaux d'anciens, surtout dans les IUT et les universités d'« élites » (Dauphine). Lors des élections au CROUS en avril 1996, la participation, tout en restant modeste (6,3 %), augmente par rapport à 1994 (à peine 4 %). Les listes syndicales ont recueilli 77 % des voix (27,6 % UNEF-ID, 18,4 % UNEF, 17,6 % FAGE, 10,4 % UNI). Le syndicat du Front national, qui se présentait pour la première fois sous le nom d'Union des étudiants de droite (UNED), ne recueille que 3 % des voix et n'obtient aucun siège.

TABLEAU **XXXI**. — REPÈRES CHRONOLOGIQUES DES RÉFORMES, DE LA CONTESTATION ET DU SYNDICALISME ÉTUDIANTS

Plans et réformes universitaires	Mobilisations étudiantes	Paysage syndical étudiant
1945 : décret instaurant la participation des étudiants élus aux conseils d'Université		
		1946 : congrès de l'UNEF à Grenoble. Adoption de la charte.
1947 : projet d'augmentation des droits d'inscription et de réduction des bourses.	1947 : grève nationale pour les bourses et contre les droits d'inscription.	
1948 : sécurité sociale étudiante.		1948 : l'UNEF crée la MNEF pour gérer la sécurité sociale étudiante.
		1950 : changement de majorité à l'UNEF. La « mino » s'organise.
1951 : projet d'allocation d'études soumis au Parlement.	1951 : mobilisation pour la défense des crédits de la sécurité sociale étudiante.	
1953 : mise en route du plan Le Gorgeu (constructions universitaires).	1953 : mobilisation pour réclamer des aides étudiantes plus importantes.	1953 : la « mino » participe au bureau de l'UNEF.
	1954 : actions contre les crédits budgétaires.	

	1956 : grève nationale du « déjeuner » contre l'insuffisance de la participation de l'État dans la prise en charge de ces repas.	*1956 :* la « mino » devient majoritaire (début de la « période algérienne »).
	1957 : grève nationale et manifestation à Paris pour réclamer l'allocation d'études.	*1957 :* scission de la MEF (mouvements des étudiants de France) qui réintègre rapidement l'UNEF.
	1958 : mobilisation pour des locaux et les bourses.	
	1958-1961 : nombreuses manifestations pour s'opposer à la guerre d'Algérie.	
1961 : mesures gouvernementales contre l'UNEF (suppression de la subvention).	*Mars 1961 :* grève nationale et manifestation sur les sursis étudiants ; *octobre 1961 :* manifestation contre les mesures prises à l'encontre de l'UNEF.	*1961 :* scission de l'UNEF, avec la création de la FNEF aidée par le gouvernement de Gaulle-Debré.
1962 : réforme des facultés de médecine, droit, pharmacie et sciences (spécialisation des études).		
1963 : débat sur la réforme Fouchet visant à distinguer un cursus court d'un cursus long dans l'Université.	*1963 :* manifestation contre le refus du gouvernement de recevoir la direction de l'UNEF. Semaine nationale d'action contre le plan Fouchet. Grève des loyers des cités universitaires en décembre.	*1963 :* congrès de Dijon. Retour à l'activité syndicale après l'épisode algérien.
1964 : refus de la commission de la réforme de recevoir l'UNEF, réduction de 4 sièges au conseil des Œuvres universitaires.		*1964 :* manifeste de l'UNEF (pour une réforme démocratique de l'enseignement supérieur). Relance de l'allocation d'études.
1965 : restauration de la subvention à l'UNEF.	*1965 :* grèves courtes et manifestations pour l'allocation d'études.	
Juin 1966 : annonce du retrait des mesures sélectives du plan Fouchet. *Novembre 1966 :* application de la première tranche du plan Fouchet (mise en place de la première année du premier cycle et création des IUT).	*1965-1968 :* révoltes étudiantes dans les cités universitaires, opposition à la guerre du Viêtnam, actions contre le plan Fouchet.	*1965-1968 :* la crise de l'UNEF s'amplifie (baisse des effectifs et cartellisation).

Octobre 1967 : projet de sélection à l'entrée à l'Université ; mise en place du deuxième cycle prévu dans la cadre du plan Fouchet. *1968 :* plan Edgar Faure (autonomie universitaire renforcée, participation étudiante aux conseils avec des délégués élus pour une « cogestion »).	*1967 :* 5 000 étudiants manifestent à l'appel de l'UNEF (première grande manifestation de l'UNEF depuis 1963). *Mai 68 :* l'UNEF appelle à la grève nationale contre la répression le 6 mai ; ce sont des comités d'action qui s'organisent à la base. Absence de structuration du mouvement au niveau national.	*Décembre 68 :* congrès de Marseille, réforme des structures de l'UNEF (les comités d'action en forment la base). Boycott des élections universitaires prévues par la loi Faure. Parallèlement création du MARC (Mouvement d'action et de recherche critique) et de l'UNI (Union nationale interuniversitaire) par des professeurs et des étudiants antimarxistes. *1971 :* scission de la « grande UNEF » : UNEF-Renouveau et UNEF-ID. Des groupes « corpos » (de filières ou locaux) se créent.
1973 : loi Debré (suppression et réduction des sursis pour les études) et instauration du DEUG.	*1973 :* mobilisation contre la loi Debré et contre le DEUG, apparition de coordination nationale étudiante, lycéenne et enseignement technique.	
1975 : création des MST, puis des MSG et MIAGE (deuxième cycle sélectif).		*1975 :* l'UNEF-ID participe aux élections du CROUS. Création du CLEF (« corpo », comité de liaison des étudiants de France) et du CELF (Comité des étudiants libéraux de France).
1976 : plan Saunier-Seïté introduisant une réforme générale du deuxième cycle avec la licence et la maîtrise.	*1976 :* grande grève contre le plan Saunier-Seïté, coordination nationale avec la participation de l'UNEF et de l'UNEF-US. Le ministère reçoit les syndicats, mais pas la coordination nationale.	*1976 :* création du MAS (Mouvement d'action syndicale) et du COSEF (Comité d'organisation pour un syndicat des étudiants de France).
1979 : réforme Veil des études médicales.	*1979 :* manifestations des étudiants en médecine contre la loi Veil.	
1980 : « carte universitaire » visant à organiser la répartition des	*1980 :* manifestation contre la carte universitaire, quelques mobili-	

moyens entre universités et à limiter la création de filières.	sations locales pour la défense des étudiants étrangers.	
1983 : réforme Savary proposant une sélection entre les cycles (article retiré et transformé). Réforme des premiers cycles et première expérience de contractualisation État/Université.	*1983 :* manifestations et grèves contre le projet Savary.	
1986 : projet Devaquet (retiré) instaurant la sélection, une hausse des droits d'inscription et une plus grande autonomie des universités.	*1986 :* grandes manifestations et grève générale contre le projet Devaquet.	
	Novembre-décembre 1987 : quelques grèves contre les conditions budgétaires de rentrée.	
1989 : loi d'orientation Jospin. Distribution des crédits et des moyens aux associations en fonction des résultats électoraux.		*1989 :* création de la FAGE qui regroupe des associations locales et certaines fédérations de filières.
1990 : plan « Université 2000 » de Jospin.		
	1991 : mobilisations locales et syndicales contre la réforme Jospin des premiers cycles.	
1992 : réformes des premiers cycles sous Jospin (réduction des heures de TD/TP).		
1994 : « contrat d'insertion professionnelle » donnant la possibilité de rémunérer des jeunes diplômés sous le SMIC.	*1994 :* forte mobilisation contre le projet CIP qui conduit à des relations plus fréquentes entre l'UNEF, l'UNEF-ID et la FAGE.	
1995 : rapport Laurent visant à limiter l'accès des étudiants d'IUT et de BTS aux cycles longs universitaires.	*1995 :* grèves dans les IUT et les BTS.
1995 : forte mobilisation contre les inégalités de dotations entre les universités et les conditions d'études. Conjonction avec un mouvement social plus large contre le plan Juppé.	*1995 :* deux UNEF « rivales » : l'UNEF-ID (PS + extrême gauche) et l'UNEF (proche du Parti communiste).
1996 : plan Bayrou visant à réduire les inégalités entre les universités en dotations budgétaires, en personnel et en locaux.		

Source : Robi MORDER, à partir de Anonyme [1962] et Nicole DE MAUPÉOU-ABBOUD [1974].

En 1992, seule une minorité (19 %) d'étudiants interrogés par l'OSC à Rennes, Besançon et Nanterre répondaient qu'ils participeraient à coup sûr à un mouvement de mobilisation pour « défendre des revendications concernant l'Université et les étudiants ». Une forte majorité (67 %) se tenait dans l'expectative (« oui, peut-être »). Les événements de l'automne 1995 ont prouvé que cette relative prudence des étudiants n'empêchait pas qu'un mouvement assez puissant puisse se déclencher (même si celui-ci correspondait plus à de multiples mouvements locaux qu'à une mobilisation générale du milieu étudiant).

Ces résultats de 1992, comme les mouvements qui ont suivi, incitent en tout cas à se demander quelles sont les conditions et la portée des mobilisations étudiantes.

Les actions étudiantes les plus récentes ressemblent de plus en plus à une action collective sans contenu culturel, à des explosions soudaines, des émeutes chargées d'une forte dimension émotionnelle [Lapeyronnie et Marie, 1992]. « En une vingtaine d'années, nous sommes passés d'un climat "sartrien", d'hyper-engagement, dans lequel tout paraissait politique, à une période paradoxale de mobilisation sans politique, voire de mobilisations hostiles à la politique » [Dubet, 1994]. C'est sans doute cet aspect qu'il faut retenir, celui d'une forte capacité de mobilisation sur la condition universitaire, dans un contexte de perte de crédibilité du politique et de valorisation de la personnalité et de la subjectivité. Ces actions reposent sur des inquiétudes, mais constituent par ailleurs des moments privilégiés d'expression et d'expérience personnelles et collectives qui donnent cette spontanéité et cette intensité émotionnelle aux mouvements étudiants.

Sur un plan plus structurel, la mobilisation étudiante dépend de quatre facteurs essentiels (enquête OSC) : le niveau de politisation des étudiants, d'intégration à l'Université, d'insatisfaction à l'égard de l'institution, et la présence d'un milieu étudiant. Lorsque ces différents facteurs agissent ensemble, ils sont particulièrement favorables à l'action collective, comme l'a montré le mouvement contre le CIP.

Mais ils s'articulent cependant rarement en faveur d'une mobilisation collective. Les étudiants les plus politisés, surtout ceux de gauche, se déclarent beaucoup plus souvent que les autres prêts à se mobiliser, et s'opposent aux autres étudiants peu politisés, se situant plutôt à droite. En même temps, les UFR les plus politisées (lettres, langues, sciences sociales) rassemblent les étudiants les plus insatisfaits et les plus critiques (facteur favorable à la mobilisation) mais également les moins bien intégrés à l'Université (facteur défavorable). De l'autre côté, les UFR les moins politisées (IUT, STAPS, sciences) regroupent les catégories d'étudiants les plus intégrés (facteur favorable) mais qui sont les moins insatisfaits et les moins critiques à l'égard de l'institution (facteur défavorable).

Le passage à l'action collective n'est pas directement lié aux insatisfactions des étudiants à l'égard de l'Université. Au contraire, ce sont les étudiants les moins critiques qui croient le plus à l'existence d'une communauté d'intérêts entre étudiants. Les étudiants les plus insatisfaits sont aussi les plus désabusés et les moins convaincus d'appartenir à un groupe solidaire (ce sont ceux qui perçoivent le plus les étudiants comme individualistes) au point de ne pas envisager de changement à une situation qu'ils subissent. En revanche, les étudiants qui expriment le moins d'insatisfactions semblent les plus intégrés, les plus solidaires, et sans doute les plus disposés à agir dans un milieu qu'ils ne rejettent pas en bloc.

La mobilisation contre le CIP a montré que la réaction et la mobilisation étaient immédiates lorsque les étudiants les plus intégrés se sentaient attaqués sur leurs conditions d'études et de validation de leurs diplômes. Leur action a été d'autant plus forte et organisée que le projet concernait des filières sélectives, à vocation professionnelle (BTS et IUT). Celles-ci sont nombreuses en province, où l'identité et le milieu étudiants — reposant sur une vie collective plus intense et une sociabilité urbaine nettement délimitée — sont nettement plus affirmés qu'en région parisienne. Ce rôle moteur des villes moyennes de province a été à nouveau confirmé par les mouvements de novembre 1995.

Au fond, les mouvements étudiants semblent caractérisés par une tension vive qui tient à la fois à l'individualisation croissante de la société et à l'importance du titre scolaire. Cette double évolution incite fortement les étudiants à trouver une voie personnelle à la réussite universitaire, et donc à ne pas prendre « les risques » d'une mobilisation qui ne leur profiterait peut-être pas directement et risquerait de fragiliser encore plus leur diplôme universitaire. L'insatisfaction contenue des étudiants, eu égard à la situation objective de certaines universités, en est aussi, d'une certaine façon, une expression. Elle consiste à ne pas affaiblir encore plus par la critique et l'action, en validant et en renforçant la « mauvaise image » de l'Université, l'unique institution encore en mesure de leur donner des chances (à travers le diplôme) de « s'en sortir ». Le caractère spontané, éphémère, pragmatique des mobilisations étudiantes est le signe de ce rapport ambigu à une Université que les étudiants souhaiteraient aussi efficace et reconnue que les autres secteurs de l'enseignement supérieur. Mais leur obsession de ne pas être pénalisés dans la course aux diplômes débouche aussi sur des stratégies personnelles peu favorables à une forte identification à l'institution et donc à l'émergence d'une vaste action collective. L'étudiant semble se comporter de plus en plus comme l'« usager » d'un service d'enseignement supérieur.

Les attitudes politiques des étudiants

Trois traits principaux caractérisent les attitudes politiques des étudiants [Le Galès, 1995] : ils ne montrent pas un rejet de principe de la politique même s'ils sont défiants à l'égard des partis ; ils sont prêts à participer à des formes d'action collective pour défendre une cause ; ils sont politiquement et socialement modérés.

Pas de rejet de principe de la politique

Les étudiants ne rejettent pas massivement la politique. Plus de la moitié d'entre eux se déclarent très ou assez intéressés par ce domaine de la vie publique, soit une proportion nettement supérieure à celle de l'ensemble des jeunes (32 % des 18-24 ans affichaient la même opinion en 1990 [Bréchon, 1994]). Cette surpolitisation relative des étudiants s'explique principalement par leur niveau d'éducation plus élevé. On sait que la variable du niveau d'études est l'une des plus fortement corrélées avec le degré de politisation [Bréchon, 1994]. Ce facteur scolaire se combine probablement à un effet de socialisation. Les étudiants appartiennent à des familles qui sont elles-mêmes plus éduquées que la moyenne de la population et plus politisées. Cet intérêt plus marqué pour la politique se transmet d'une génération à l'autre.

TABLEAU XXXII. — L'INTÉRÊT POUR LA POLITIQUE

	Étudiants (OSC, 1992)	18-24 ans (1990)*
Très intéressés	13	3
Assez intéressés	39	29
Peu intéressés	36	29
Pas du tout intéressés	12	39
Total	100	100

* Enquête « Valeurs » réalisée en 1990 dans le cadre du programme de recherches, *European Values Survey*.

Notons aussi que 90 % des étudiants interrogés par l'OSC en 1992 déclaraient être inscrits sur les listes électorales, alors qu'en

1995 on estimait respectivement à 25 % et 18 % la part des 18-19 ans et des 20-24 ans qui étaient dans ce cas [Héran et Rouault, 1995] ; 82 % des étudiants interrogés par l'OSC déclaraient en outre avoir voté aux élections régionales de 1992.

Si, contrairement aux autres jeunes, les étudiants sont relativement intéressés par la politique, ce relatif intérêt ne se traduit pas par de fortes intentions d'engagement personnel. Seulement 13 % des étudiants se déclarent prêts à participer à un parti. D'autres formes de participation politique, moins liées au monde politique traditionnel, rencontrent plus de succès, au moins dans l'expression des intentions : respectivement 61 % et 64 % des étudiants interrogés par l'OSC en 1992 se déclaraient prêts à participer à un mouvement de défense des droits de l'homme ou de défense de l'environnement. Mais on notera que ce type de mouvement attire la sympathie d'une majorité de Français : 60 % des Français interrogés dans l'enquête « Valeurs » de 1990 déclaraient par exemple approuver tout à fait l'action des « mouvements pour les droits de l'homme ».

Les étudiants sont prêts, plusieurs mouvements des années quatre-vingt/quatre-vingt-dix l'ont montré, à utiliser certaines formes de mobilisation et d'action collectives, telles manifestations ou grèves. Ils rejettent en revanche le recours à des formes d'action plus violentes comme l'occupation (68 % s'y déclarent hostiles [OSC]), la détérioration d'édifices publics (95 % de refus), ou même des formes de violence tournées contre soi-même, comme les grèves de la faim (92 %). Dans ce registre des formes plus ou moins légitimes de l'action collective, ils ne semblent pas se démarquer beaucoup des autres jeunes.

Des étudiants politiquement modérés et proches des partis

95 % des étudiants acceptent de se situer sur un axe gauche/droite et les trois quarts d'entre eux se classent sur les cases centrales (3, 4 ou 5) de l'échelle en sept positions. Les extrêmes n'attirent donc qu'une très faible minorité d'étudiants.

Cette modération politique semble plus marquée chez les étudiants que parmi l'ensemble des jeunes : ces derniers se classent plus souvent sur les cases extrêmes (enquête CEVIPOF SOFRES, élection présidentielle 1995). La modération politique des étudiants est confirmée par l'expression d'un faible sentiment de radicalité dans les changements souhaités pour la société : seulement 9 % des étudiants déclarent « la société devrait être radicalement changée », tandis qu'une majorité (54 %) est en faveur d'un changement progressif qui ne remette pas en cause l'essentiel (« la société devrait

Extrême gauche	1,4
2	8,7
3	32
4	27,5
5	17,8
6	6,6
Extrême droite	0,8
N.R.	5,2

Source : OSC [1992].

être réformée sur plusieurs points sans toucher à l'essentiel »). Toutefois, les étudiants partisans d'une réforme profonde (« la société devrait être réformée sur l'essentiel ») représentent une forte minorité (28 %). Le rejet des extrêmes n'est donc pas synonyme d'une adhésion à une forme d'immobilisme social ou politique : seulement 7 % des étudiants pensent que la société devrait « être laissée dans l'état actuel ». Changer la société sans la bouleverser, tel paraît être le mot d'ordre auquel se rallierait le plus volontiers une forte majorité d'étudiants.

Pour mener à bien cette action de réforme, les étudiants font plutôt confiance aux partis classiques.

TABLEAU XXXIV. — PROXIMITÉ PARTISANE DES ÉTUDIANTS
(%)

Parti socialiste	24
UDF/RPR	24
Écologistes	21
Autres	4
Aucun ou NR	27
Total	100

Source : OSC [1992].

Les préférences partisanes des étudiants se distribuent en un « quatre-quarts imparfait » [Le Galès, 1995] : le Parti socialiste, la droite classique, les écologistes attirent chacun entre un quart et un cinquième des étudiants, tandis qu'un gros quart refuse d'indiquer un choix.

Mais il faut surtout remarquer que, par rapport aux autres jeunes, les étudiants sont plus proches des partis classiques et beaucoup moins souvent attirés par les partis situés aux extrêmes. Le Parti communiste et surtout le Front national avaient réuni les suffrages d'une proportion non négligeable des 18-24 ans aux élections régionales de 1992, alors que le pourcentage d'étudiants qui déclarent une proximité pour l'un ou l'autre de ces deux partis est inférieure à 5 %. Le vote protestataire ou l'expression d'une forme de radicalité politique ont peu d'emprise sur les étudiants.

TABLEAU **XXXV**. — PRÉFÉRENCES PARTISANES DES ÉTUDIANTS ET VOTE DES JEUNES AUX ÉLECTIONS RÉGIONALES DE 1992*

	Étudiants [OSC, 1992] s'étant exprimés	*18-24 ans ayant voté aux régionales 1992*
Extrême gauche	1,5	2
Parti communiste	3	7
Parti socialiste et divers gauche	33	17
UDF/RPR et divers droite	32	22
Écologistes	29	29
Front national	1,5	19
Autre	—	4
Total	100	100

* Cette comparaison n'est qu'indicative car l'expression d'une préférence partisane et le vote ne se recoupent pas forcément. Par ailleurs, la gamme des choix n'est pas tout à fait la même. Certaines listes locales ou catégorielles (les « chasseurs » par exemple) n'étaient pas proposées aux étudiants interrogés par l'OSC. Parmi ces derniers n'ont été retenus dans ce tableau que ceux ayant exprimé une préférence.

Une sensibilité égalitaire

Trois domaines de changement — les inégalités, les problèmes de formation et les mœurs politiques — paraissent prioritaires aux étudiants. Ils sont cités chacun par environ un cinquième de ceux (en premier ou deuxième choix dans l'enquête OSC) qui souhaitent des changements dans la société. On remarquera que la question du chômage ne vient qu'ensuite, au même niveau que la préoccupation exprimée à l'égard de la solidarité, des questions humanitaires et du racisme.

Toutefois, l'expression d'une volonté réformiste est le plus souvent assez vague puisque 32 % des étudiants partisans d'un changement plus ou moins radical n'indiquent aucun domaine particulier où celui-ci devrait s'appliquer.

La préoccupation égalitaire se retrouve dans l'expression d'autres opinions : par exemple, 67 % des étudiants estiment excessif l'écart entre les hauts et les bas salaires. Mais cette sensibilité n'est pas

Tableau XXXVI. — Domaines cités par les étudiants
souhaitant des changements dans la société

	Cité en premier	Cité en premier ou deuxième
Inégalités	16	21
Problèmes de formation	14	20
Mœurs et système politiques	13	22
Chômage	9,5	18
Solidarité, humanitaire, racisme	8	15

Source : OSC [1992].

exclusive aux étudiants, elle semble partagée par les autres jeunes et, probablement, à des degrés divers, par la plupart des Français. Ainsi, 64 % des jeunes ruraux interrogés en 1987-1988 [Galland et Lambert, 1993] ont la même opinion à l'égard des écarts de salaire. La sensibilité aux injustices paraît également commune à l'ensemble des jeunes, même si les attitudes de retrait (« vous ne vous mêlez de rien ») sont nettement moins fréquentes chez les étudiants.

Tableau XXXVII. — L'expression d'une solidarité active*

	Étudiants [OSC, 1992]	Jeunes ruraux 1987-1988
Vous allez voir vous-même le patron pour protester	18	20
Vous ne vous mêlez de rien	4	12
Vous en parlez avec d'autres collègues	58	52
Vous prévenez le syndicat	19	16
Non-réponse	1	0
Total	100	100

* « Imaginez que dans l'entreprise où vous travaillez depuis cinq ans, un de vos collègues soit injustement sanctionné. Quelle serait votre réaction ? »

Dans d'autres domaines de la vie sociale, les étudiants s'écartent néanmoins des autres jeunes. Ainsi, si les étudiants rejettent aussi massivement que les jeunes ruraux une organisation autoritaire des relations de travail, ils sont près de deux fois plus nombreux que ces derniers à juger nécessaire l'accord du « chef » dans les décisions de travail. A l'inverse, les jeunes ruraux adoptent beaucoup plus souvent une position « libertaire » dans l'organisation du travail qu'ils jugent idéale.

TABLEAU XXXVIII. — L'ORGANISATION IDÉALE DU TRAVAIL*

	Étudiants [OSC, 1992]	*Jeunes ruraux* 1987-1988
Le travail est décidé en équipe	41	37
Le travail est décidé par le chef	2	5
Le travail est décidé avec le chef	53	27
Chacun organise librement son travail	4	31

* « Quelle est, selon vous, l'organisation idéale du travail dans une entreprise ou une administration ? »

Il est probable que ces différences s'expliquent par le fait que les positions sociales et les niveaux hiérarchiques visés par les uns et les autres ne sont pas les mêmes : 64 % des étudiants pensent occuper un emploi de cadre, de profession libérale ou de chef d'entreprise à l'horizon de dix ans ; ce n'est le cas que de 17 % des jeunes ruraux. Cette forte divergence du destin professionnel escompté fait que les étudiants se projettent plus fréquemment et plus facilement dans un rôle d'encadrement que les jeunes ruraux.

La sensibilité, réelle, des étudiants à l'égard des thèmes de l'injustice et des inégalités est donc tempérée par un respect des hiérarchies sociales plus marqué que chez les jeunes moins formés qui, de ce fait, occuperont dans la société des positions professionnelles moins élevées.

Être étudiant : une identité forte ?

Plus d'un tiers des étudiants choisissent, parmi une batterie de critères qui leur étaient proposés dans l'enquête OSC, de se définir d'abord par leur statut étudiant et les trois quarts indiquent au moins une fois ce critère. Cet item attire nettement plus de suffrages que l'âge (23 %) et le sexe (17 %), les autres choix ne regroupant chacun qu'un faible nombre d'étudiants.

Même si l'orientation explicite de l'enquête sur le public étudiant a pu favoriser ce choix, le fait que cette définition étudiante précède si largement deux critères aussi fondamentaux suggère que ce choix n'est pas purement circonstanciel ou contingent. Il semble remettre en cause le diagnostic établi au début des années soixante par Pierre Bourdieu et Jean-Claude Passeron, auprès d'une population d'étudiants très différente, socialement beaucoup plus homogène, selon lequel l'identité étudiante serait purement factice.

Le choix d'une définition étudiante est lié à la fois à un ensemble

TABLEAU XXXIX. — AUTODÉFINITION DES ÉTUDIANTS (%)*

	Choisi en premier	*Choisi au moins une fois*
Votre statut étudiant	35	74
Votre âge	23	58
Votre sexe	17	37
Vos idées sur la société	7	29
Votre origine géographique	5	27
Vos goûts musicaux	2	18
Votre origine sociale	2	15
Votre travail	2	12
Autre chose	4	9
Vos opinions politiques	1	7
Votre religion	0,5	4
Non-réponse	1,5	—
Total	100	—

* « Imaginez que l'on vous demande de vous définir, vous vous définiriez plutôt par… » (3 réponses possibles).

Source : OSC [1992].

de variables objectives — décrivant la situation de fait des étudiants — et de variables subjectives, traduisant certains choix ou certaines opinions. Les premières rendent compte essentiellement d'un triple effet : la position dans le cycle de vie, l'intégration à l'univers étudiant et l'effet Paris/province. Les étudiants qui, toutes choses égales par ailleurs, se définissent le plus comme tels sont, d'une part, ceux d'un âge intermédiaire, qui ne vivent plus chez leurs parents, mais qui continuent d'être aidés financièrement par ces derniers ; d'autre part, les étudiants qui ont le plus d'amis qui sont eux-mêmes étudiants ; enfin, les étudiants provinciaux. L'effet propre de l'âge s'explique aisément : avant 21 ans, on n'est pas encore suffisamment engagé dans les études pour s'identifier fortement au groupe qu'elles contribuent à définir ; après 24 ans, on est au contraire trop proche de l'entrée dans la vie active et de la sortie du monde universitaire. C'est à 23-24 ans que l'identification est la plus forte. Mais, une fois contrôlé cet effet de l'âge, la dépendance à l'égard des parents joue également : les plus concernés par l'autodéfinition étudiante sont ceux qui sont à la fois déjà éloignés de l'univers familial (ils n'habitent plus chez leurs parents), mais qui ne sont pas encore complètement indépendants financièrement.

L'identité étudiante exprime donc à la fois une forme de « post-adolescence » — un âge intermédiaire entre la dépendance et l'autonomie — et l'intensité de l'intégration à l'univers des relations qui

115

se nouent à l'Université, ces deux aspects étant évidemment associés.

Trois variables subjectives sont également liées à l'autodéfinition étudiante : des ambitions scolaires élevées, une représentation de l'avenir professionnel orientée vers les emplois de cadres du secteur privé, et un niveau de critiques de l'Université assez élevé (mais pas maximum). Les étudiants qui se définissent comme tels sont donc ceux qui investissent le plus dans leurs études et dont les exigences peuvent renforcer l'attitude critique à l'égard de l'institution universitaire. La liaison entre le choix de la définition étudiante et l'orientation vers l'univers professionnel des cadres du secteur privé est plus surprenante. Elle s'explique probablement par le fait que ces étudiants sont les plus ambitieux et les plus motivés par leurs études (beaucoup d'étudiants qui visent la fonction publique ont des ambitions professionnelles modestes).

Conclusion

La croissance phénoménale des effectifs, surtout sensible à partir du milieu des années quatre-vingt, a considérablement diversifié le recrutement social des universités. Celles-ci ne peuvent plus fonctionner sur la base de la « complicité culturelle et scolaire » qui caractérisait leur public des années soixante et même soixante-dix.

Aujourd'hui, le principal défi auquel elles se trouvent confrontées consiste à « s'adapter » à cette nouvelle population d'origine populaire « autant demandeur d'orientation professionnelle que de culture générale, entendue au sens de médiation entre l'inculture et la haute culture » [Renaut, 1995]. En réduisant ce besoin de réorganisation de l'Université à celui de la professionnalisation des formations, les initiateurs des nombreuses réformes ont tous échoué et provoqué des réactions vives des étudiants attachés à l'égalité des chances et hostiles à voir le rôle de l'Université réduit à la formation de « travailleurs ».

La massification de l'Université ne touche pas toutes les filières avec la même intensité et n'y produit pas les mêmes effets. C'est en lettres, langues et sciences sociales que cette tendance est la plus nette. Rencontrant des difficultés pour organiser son travail universitaire, l'étudiant y trouve les plus mauvaises conditions d'études. Débrouillardise, obstination et persévérance lui seront nécessaires pour franchir l'obstacle du premier cycle. D'autres filières (IUT, sciences) semblent moins touchées, les étudiants y sont mieux intégrés et construisent des projets professionnels plus clairs. On sait aussi que les conditions générales d'études varient fortement d'une université à l'autre.

L'étudiant de masse est également un jeune qui, surtout s'il vit en province, découvre les plaisirs d'une sociabilité plus libre. L'effet en est particulièrement visible dans les grandes villes universitaires de province dont quelques quartiers sont pris d'assaut par les étudiants certains jours de la semaine. Derrière ce qui peut apparaître comme un regroupement contraint se vivent en fait des moments fondamentaux, « intenses » de l'expérience étudiante. Relations électives et non plus subies, échanges, proximité et convivialité sont d'autant plus recherchés et appréciés que le cadre strictement universitaire y est de moins en moins favorable, alors que la réussite universitaire est à la fois plus problématique et de plus en plus nécessaire. L'étudiant de masse est pris entre ces deux faces de la vie étudiante. Conscient de l'absolue nécessité du diplôme, attaché à la « réussite », il peut être amené à entretenir un rapport d'usager à une institution à laquelle il ne s'identifie pas vraiment. On comprend mieux alors l'importance de l'autre face de la vie étudiante, faite de sorties, de fêtes et de rencontres.

L'ambiguïté de la définition étudiante aujourd'hui tient aux multiples prises de distance de l'étudiant à l'égard des statuts et des institutions qui définissent et encadrent l'adolescent, notamment autour de la famille et de l'école, sans qu'il adhère pour autant à un statut fortement ancré dans l'institution universitaire. L'étudiant de cette fin de siècle est d'abord un consommateur d'études en même temps qu'il se reconnaît dans une grande fédération de jeunes partageant à peu près le même mode de vie et les mêmes valeurs.

Repères bibliographiques

ANONYME, *Sources du syndicalisme étudiant*, thèse IEP, Paris, 1962.

BALAN D. et MINNI C., « De l'école à l'emploi. Les jeunes en mars 1994 », *INSEE Première*, n° 365, mars 1995.

BAUDELOT C. et GLAUDE M., « Les diplômes se dévaluent-ils en se multipliant ? », *Économie et Statistique*, n° 225, octobre 1989, p. 3-16.

BAUDELOT C., BENOLIEL R., CUKROWICZ H. et ESTABLET R., *Les Étudiants, l'Emploi, la Crise*, Maspero, Paris, 1981.

BÉDUWÉ C. et ESPINASSE J.-M., « L'université et ses publics », *Éducation et Formations*, 40, mars 1995, p. 33-46.

BERTHELOT J.-M., « Les effets pervers de l'expansion des enseignements supérieurs : le cas de la France », *Sociétés contemporaines*, 1990, 4.

BOUDON R., « La crise universitaire française : essai de diagnostic sociologique », *Annales ESC*, 3, 1969.

BOUDON R., *L'Inégalité des chances. La mobilité sociale dans les sociétés industrielles*, A. Colin, Paris, 1973.

BOURDIEU P., *La Noblesse d'État*, Éd. de Minuit, Paris, 1989.

BOURDIEU P. et PASSERON J.-C., *Les Héritiers : les étudiants et la culture*, Éd. de Minuit, Paris, 1964a.

BOURDIEU P. et PASSERON J.-C., *Les Étudiants et leurs études*, Cahiers du Centre de sociologie européenne, Mouton, Paris, 1964b.

BOURDIEU P. et PASSERON J.-C, *La Reproduction. Éléments pour une théorie du système d'enseignement*, Éd. de Minuit, Paris, 1970.

BRÉCHON P., « Le rapport à la politique », dans H. RIFFAULT (sous la dir. de), *Les Valeurs des Français*, PUF, coll. « Sociologies », Paris, 1994, p. 163-200.

CACOUAULT M. et ŒUVRARD F., *Sociologie de l'éducation*, La Découverte, coll. « Repères », Paris, 1995.

CANCEIL G., « Vers un enseignement supérieur de masse », *Données sociales 1993*, INSEE, 1993, p. 99-105.

CANCEIL G., « La première année à l'Université », *Données sociales 1996*, INSEE, p. 80-85.

CAUSSAT L., « Les chemins vers l'indépendance financière », *Économie et Statistique*, n°s 283-284, 1995 – 3/4, p. 111-126.

CHAMBRAUD C., « L'UNEF-ID et le mouvement étudiant », *Politix*, hiver 1988.

CHENU A., ERLICH V., FRICKEY A. et NOVI M., *La Vie étudiante dans les Alpes-Maritimes*, GERM/université de Nice, 1993.

CLANCHÉ F., « Le confort des logements dessine aussi l'espace social », *Économie et Statistique*, 8/9, n°s 288-289, 1995, p. 91-114.

COMITÉ NATIONAL D'ÉVALUATION, *Évolution des universités, dynamique de l'évaluation 1985-1995*, rapport au président de la République, La Documentation française, Paris, 1995.

COULON A., *Le Métier d'étudiant. Approches ethnométhodologique et institutionnelle de l'entrée dans la vie universitaire*, thèse d'État, université de Paris-VIII, 1990.

CROZIER M., *La Société bloquée*, Le Seuil, Paris, 1970.

DERVIEUX L. et DUBOIS M., « 1994-2003 : la poursuite de la croissance dans les principales filières de l'enseignement supérieur », *Éducation et Formations*, 39, novembre 1994, p. 33-41.

DUBET F., *Les Lycéens*, Le Seuil, Paris, 1991.

DUBET F., « L'étudiant en université de masse », *Revue française de sociologie*, XXXV-4, 1994, p. 511-532.

DUBET F., « Les étudiants », *in* DUBET F. et *al.*, *Universités et Villes*, L'Harmattan, Paris, 1994.

EURIAT M. et THÉLOT C., « Le recrutement social de l'élite scolaire en France », *Revue française de sociologie*, XXXVI-3, juillet-septembre 1995, p. 403-438.

FELONNEAU M.-L., « Les étudiants et

leurs territoires », *Revue française de sociologie*, XXXV-4, 1994.

FILATRE D., « Développement des universités et aménagement des territoires universitaires », *in* DUBET F. et *al.*, *Universités et Villes*, L'Harmattan, Paris, 1994.

FLORY M., *Étudiants d'Europe*, La Documentation française, Paris, 1993.

FORQUIN J.-C., « La sociologie des inégalités d'éducation : principales orientations, principaux résultats depuis 1965 », dans INRP et L'Harmattan, coll. « Sociologie de l'éducation. Dix ans de recherche », Paris, 1990 p. 19-57.

FOURNIE D. et GRANDO J.-M., « Le recrutement des jeunes sortants du système éducatif : difficultés passagères ou dégradation irrémédiable ? », *Bref CEREQ*, n° 113, octobre 1995.

FRANCÈS R., *L'Idéologie dans l'Université. Structure et déterminants des attitudes sociales des étudiants*, PUF, coll. « Sociologies », Paris, 1980.

GALLAND O., « Identité étudiante, identité juvénile », dans FRAISSE E., *Les Étudiants et la lecture*, PUF, Paris, 1993.

GALLAND O. (sous la dir. de), *Le Monde des étudiants*, PUF, coll. « Sociologie », Paris, 1995.

GALLAND O., *Les Jeunes*, La Découverte, coll. « Repères », Paris, 1996.

GALLAND O. et GARRIGUES P., « La vie quotidienne des jeunes du lycée au mariage », *Économie et Statistique*, n° 223, juillet-août 1989, p. 15-23.

GIRARD A. et BASTIDE H., « De la fin des études élémentaires à l'entrée dans la vie professionnelle ou à l'Université. La marche d'une promotion de 1962 à 1972 », *Population*, n° 3, mai-juin 1973, p. 571-593.

GOUX D. et MAURIN E., « Origine sociale et destinée scolaire. L'inégalité des chances devant l'enseignement à travers les enquêtes Formation-Qualification professionnelle 1970, 1977, 1985, 1993 », *Revue française de sociologie*, XXXVI-1, janvier-mars 1995, p. 81-121.

HAMON H. et ROTMAN P., *Génération 2. les années de poudre*, Le Seuil, Paris, 1988.

HATCHUEL G. (sous la dir. de), *Le Budget des étudiants d'Université et d'IUT en 1992*, CREDOC, rapport de recherche pour l'OVE, 1992.

HENRIOT-VAN ZANTEN A., PAYET J.-P et ROULLEAU-BERGER L., *L'École dans la ville*, l'Harmattan Paris, 1994.

HÉRAN F. et ROUAULT D., « La présidentielle à contre-jour : abstentionnistes et non-inscrits », *INSEE Première*, n° 397, juillet 1995.

LA FOURNIERE M. DE et BORELLA F., *Le Syndicalisme étudiant*, Le Seuil, Paris, 1957.

LAPEYRONNIE D. et MARIE J.-L., *Campus blues. Les étudiants face à leurs études*, Le Seuil, Paris, 1992.

LE BART C. et MERLE P., *La Citoyenneté étudiante*, rapport à l'Observatoire de la vie étudiante, 1995.

LE GALÈS P. « Les étudiants, la politique, la société », dans GALLAND O. (sous la dir. de), *Le Monde des étudiants*, PUF, coll. « Sociologies », Paris, 1995, p. 126-163.

LE GALÈS P. et OBERTI M., « Lieux et pratiques sociales des étudiants dans la ville », *Annales de la recherche urbaine*, n° 62-63, 1994, p. 252-264.

LEMENNICIER B., LÉVY-GARBOUA L. et N'GUYEN K., *Ressources et Dépenses des étudiants en 1973-1974*, ronéo, CREDOC, Paris, 1974.

LÉVY-GARBOUA L. « Les demandes de l'étudiant ou les contradictions de l'Université de masse », *Revue française de sociologie*, 17, 1, 1976, p. 53-80.

MARTINELLI D., *Diplômés de l'Université. Insertion au début des années 1990*, CEREQ, « Documents », n° 100, octobre 1994.

MASSIT-FOLLÉA F et ÉPINETTE F., *L'Europe des universités*, La Documentation française, Paris, 1992.

MAUPEOU-ABBOUD N. DE, *Ouverture du ghetto étudiant*, Anthropos, Paris, 1974.

MENDÈS FRANCE B., « Les effets redistributifs des dépenses d'éducation », *Données sociales*, INSEE, Paris, 1987.

MERLLIÉ D., « Une nomenclature et sa mise en œuvre. Les statistiques sur l'origine sociale des étudiants », *Actes de la recherche en sciences sociales*, n° 50, novembre 1983, p. 3-47.

MERON M. et MINNI C., « Des études à

l'emploi : plus tard et plus difficilement qu'il y a vingt ans », *Économie et Statistique*, n°s 283-284, 1995, 3/4, p. 9-31.

MINISTÈRE DE L'ÉDUCATION NATIONALE, Direction de l'évaluation et de la prospective, *Géographie de l'école*, février 1994.

MINISTÈRE DE L'ÉDUCATION NATIONALE, Direction de l'évaluation et de la prospective, *Repères et références statistiques sur les enseignements et la formation*, édition 1995.

MIQUEL A., *Les Bibliothèques universitaires. Rapport au ministre d'État de l'Éducation nationale, de la Jeunesse et des Sports*, La Documentation française, Paris, 1989.

MNEF, « Le budget de l'étudiant », *Recherches universitaires*, n° 6, spécial, 1964.

MOLINARI J.-P., « L'unité d'une mosaïque ? », dans FRAISSE E., *Les Étudiants et la lecture*, PUF, Paris, 1993.

MONCHABLON A., *Histoire de l'UNEF de 1956 à 1968*, PUF, Paris, 1983.

MORDER R., « Les archives de l'UNEF. Chronique de la BDIC », *Bulletin du centre d'histoire de France contemporaine*, Paris-X-Nanterre, n° 13, 1992.

MORDER R., *Revendications-négociations : débats et pratiques dans le syndicalisme étudiant en France (1976-1988)*, mémoire de DEA, université Paris-X-Nanterre, 1989.

MORIN E. et al., *Mai 68 : la brèche*, Fayard, Paris, 1968.

MORIN E., « Culture adolescente et révolte étudiante », *Annales ESC*, 3, 1969.

MOSER G. et RAITU E., *Pratiques de l'espace universitaire et budget-temps des étudiants dans deux universités intra-muros et deux campus périurbains*, Paris-V, laboratoire de psychologie de l'environnement, 1994.

NAMER G., *Mémoire et projet du mouvement lycéen-étudiant de 1986-1988*, L'Harmattan, Paris, 1990.

OBERTI M., « Les étudiants et leurs études », dans GALLAND O. (sous la dir. de), *Le Monde des étudiants*, PUF, Paris, 1995, p. 23-54.

OBSERVATOIRE DE LA VIE ÉTUDIANTE, « Les conditions de vie des étudiants. Enquête nationale de l'OVE, premiers résultats », *La Lettre de l'OVE*, n° spécial, juillet 1955.

PASSERON J.-C., « 1950-1980 : l'Université mise à la question : changement de décor ou changement de cap ? », *in* VERGER J., *Histoire des universités en France*, Privat, Toulouse, 1986.

PATUREAU F., *Les Pratiques culturelles des jeunes*, La Documentation française, Paris, 1992.

PITT-RIVERS J., « Quand nos aînés n'y seront plus », *in* MENDRAS H., *La Sagesse et le Désordre*, Gallimard, Paris, 1980.

Politix, « Mobilisations étudiantes, automne 1986 », hiver 1993.

RASSAT E., « Plus de 600 000 étudiants bénéficient d'une aide au logement », *Recherches et Prévisions*, n° 40, 1995, p. 57-64.

RENAUT A., *Les Révolutions de l'Université*, Calman-Lévy, Paris, 1995.

ROULLIN-LEFEBVRE V. et ESQUIEU P., « L'origine sociale des étudiants », *Problèmes économiques*, n° 2.311, Paris, février 1993.

SABOT J.-Y., *Le Syndicalisme étudiant et la guerre d'Algérie. L'entrée d'une génération en politique et la formation d'une élite*, L'Harmattan, Paris, 1995.

SECHET-POISSON R. et PEYON J.-P., *Les Universités de Nantes et de Rennes et leurs antennes : espace imaginé, espace approprié, espace promotionnel*, URA 95, université de Rennes-2, 1993.

TOURAINE A. et al., *Lutte étudiante*, Le Seuil, Paris, 1978.

TOURAINE A., *Le Communisme utopique. Le mouvement de mai 68*, Le Seuil, Paris, 1968.

TOURAINE A., *Université et Société aux États-Unis*, Le Seuil, Paris, 1972.

Liste des sigles

AES : Administration économique et sociale
AGE : assemblée générale d'étudiants
ALF : aide au logement familiale
ALS : allocation de logement sociale
APL : aide personnalisée au logement
BTS : brevet de technicien supérieur
BU : bibliothèque universitaire
CEREQ : Centre d'études et de recherches sur l'emploi et les qualifications
CIP : contrat d'insertion professionnelle
CNAF : Caisse nationale d'allocations familiales
CPGE : classes préparatoires aux grandes écoles
CROUS : centre régional des œuvres universitaires et scolaires
Deuxième cycle : troisième et quatrième années d'études universitaires sanctionnées respectivement par la licence et la maîtrise (ou diplômes équivalents comme un magistère)
DEUG : diplôme d'études universitaires générales
DUT : diplôme universitaire technologique (obtenu en IUT)
DEA : diplôme d'études approfondies
DEP : département de l'évaluation et de la prospective du ministère de l'Éducation nationale
DESS : diplôme d'études supérieures spécialisées
ENA : École nationale d'administration
FAGE : Fédération des associations générales des étudiants
HEC : Haute école de commerce
IATOS : ingénieurs, administratifs, techniciens et de service
IUFM : institut universitaire de formation des maîtres
IUP : institut universitaire professionnalisé
IUT : institut universitaire technologique
LEA : langues et études appliquées
LCR : Ligue communiste révolutionnaire
MEN : ministère de l'Éducation nationale
MIAGE : maîtrise d'information appliquée aux sciences sociales
MNEF : Mutuelle nationale des étudiants de France
MSG : maîtrise des sciences de la gestion
MST : maîtrise des sciences et techniques
OSSU : Office du Sport scolaire et universitaire
OTU : Office du tourisme universitaire
OVE : Observatoire de la vie étudiante
PLA : prêt locatif aidé
Premier cycle : deux premières années d'études universitaires sanctionnées par un DEUG ou un DUT
RU : restaurant universitaire
SHS : sciences humaines et sociales
STS : section de technicien supérieur
Troisième cycle : DEA, DESS et doctorat.
UEC : Union des étudiants communistes
UFR : unité de formation et de recherche
UNED : Union des étudiants de droit
UNEF : Union nationale des étudiants de France
UNEF-ID : Union nationale des étudiants de France-Indépendante et démocratique
UNI : Union nationale interuniversitaire

Table

Collection « Guides Repères »

L'art du stage en entreprise, Michel Villette.

Voir, comprendre, analyser les images, Laurent Gervereau.

L'art de la thèse, *Comment préparer et rédiger une thèse de doctorat, un mémoire de DEA ou de maîtrise ou tout autre travail universitaire*, Michel Beaud.

Collection « Dictionnaires Repères »

Dictionnaire de gestion, Élie Cohen.

Composition Facompo, Lisieux (Calvados)
Achevé d'imprimer en juin 1996
sur les presses de l'imprimerie Carlo Descamps,
Condé-sur-l'Escaut (Nord)
Dépôt légal : juin 1996
ISBN 2-7071-2569-5